OEUVRES COMPLÈTES

DE

SIR WALTER SCOTT.

Traduction Nouvelle.

PARIS,

A. SAUTELET ET Cᵒ ET CHARLES GOSSELIN

LIBRAIRES-EDITEURS

M DCCC XXVII

ŒUVRES COMPLÈTES

DE

SIR WALTER SCOTT.

TOME VINGT-HUITIÈME.

IMPRIMERIE DE H. FOURNIER,
RUE DE SEINE, N° 14.

CONTES DE MON HÔTE.

(Tales of my Landlord.)

SECONDE SÉRIE.

TOME SIXIÈME.

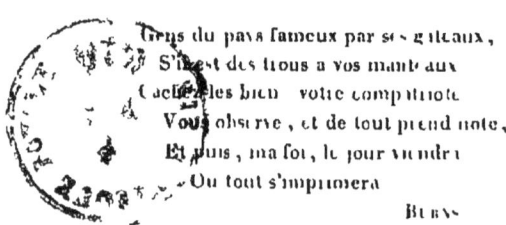

Gens du pays fameux par ses gâteaux,
S'il est des trous à vos manteaux
Cachez-les bien, votre compatriote
Vous observe, et de tout prend note,
Et puis, ma foi, le jour viendra
Où tout s'imprimera.
BURNS.

La Prison d'Edimbourg.

Ahora bien, dixo el cura, traedme, señor huésped, aqueses libros, que los quiero ver. — Que me place, respondió El; y entrando en su aposento sacó de una maletilla vieja cerrada con una cadenilla, y abriéndola, halló en ella tres libros grandes y unos papeles de muy buena letra escritos de mano.

DON QUIJOTE, *parte primera, capitulo* 32.

Allons, dit le curé, je vous prie, seigneur hôte, d'aller me chercher ces livres, j'ai envie de les voir. — De tout mon cœur, répondit l'hôte, et il monta à sa chambre. Il en rapporta une petite et vieille valise, fermée par un cadenas, qu'il ouvrit, et il en tira trois gros volumes et quelques manuscrits en beaux caractères.

LA PRISON D'ÉDIMBOURG.

(𝕿𝖍𝖊 𝕳𝖊𝖆𝖗𝖙 𝖔𝖋 𝕸𝖎𝖉-𝕷𝖔𝖙𝖍𝖎𝖆𝖓.)

CHAPITRE XXXVI.

« Pendant que le soleil resplendit dans les cieux,
Shene (1)! nous gravissons ton site gracieux,
» Embrassons du regard ce vaste paysage. »

THOMSON.

MISTRESS GLASS, bonne et officieuse, mais un peu commère, avait attendu Jeanie dans le fiacre, et elle lui fit subir un très-long interrogatoire sur son entrevue avec le duc, pendant qu'elle retournait dans le Strand, où le

(1) Ancien nom de Richemont, et qui signifie *brillant* — L.D.

chardon de la bonne dame fleurissait dans toute sa gloire, avec la devise *nemo me impune;* et c'était l'enseigne d'une boutique bien connue alors à tous les Écossais qui se trouvaient dans Londres, de quelque condition qu'ils fussent.

— Mais êtes-vous bien sûre, dit-elle à Jeanie, que vous l'avez toujours appelé Votre Grace? C'est qu'il faut faire une grande distinction entre Mac-Callummore et tous ces petits seigneurs qu'on appelle des lords. Il y en a beaucoup qui feraient croire que la façon n'en est pas bien chère, et j'en connais à qui je ne voudrais pas vendre six sous de tabac à crédit, et d'autres pour qui je ne voudrais pas me donner la peine d'en faire un cornet. Mais j'espère que vous avez montré votre savoir-vivre au duc d'Argyle, car quelle idée aurait-il de vos amis de Londres, si vous l'aviez appelé milord, lui qui est duc.

— Il ne paraît pas s'en embarrasser beaucoup, répondit Jeanie, d'ailleurs il sait que j'ai été élevée à la campagne.

— Au surplus, Sa Grace me connaît bien, ainsi j'en suis moins inquiète. Jamais je ne remplis sa tabatière, qu'il ne me crie de sa voiture : — Comment cela va-t-il, ma bonne mistress Glass? ou bien : — Avez-vous reçu des nouvelles d'Écosse depuis peu? Et vous pouvez bien croire que j'accours sur le seuil de la porte en lui faisant une belle révérence, et je lui dis : — Milord duc, j'espère que la noble épouse de Votre Grace se porte bien ainsi que ses jeunes demoiselles, et que Votre Grace est toujours contente de mon tabac. Et s'il se trouve quelques pratiques dans la boutique, tout le monde s'empresse pour le saluer, et si ce sont des Écossais, il faut les voir tous chapeau bas, et chacun regarde partir le vrai prince de l'Écosse, que Dieu le protège ! Mais vous ne m'avez pas encore conté tout ce qu'il vous a dit.

Jeanie n'avait pas dessein d'être tout-à-fait si communicative. Malgré toute sa simplicité, elle avait aussi, comme le lecteur peut l'avoir observé, la réserve de son pays. Elle répondit donc, en termes généraux, que le duc l'avait reçue avec bonté, qu'il lui avait promis de s'intéresser pour sa sœur, et de lui donner de ses nouvelles le lendemain ou le jour suivant. Elle n'ajouta point qu'il lui avait recommandé d'être prête à venir le trouver à l'instant où il la ferait avertir, encore moins qu'il lui avait dit qu'elle n'avait pas besoin de se faire accompagner par mistress Glass. La bonne dame fut obligée de se contenter de cette réponse, après avoir inutilement essayé d'obtenir des détails plus circonstanciés.

On concevra aisément que le lendemain Jeanie garda la maison. Ni la curiosité, ni l'envie de faire de l'exercice ne purent la décider à sortir. Elle passa toute la journée dans le petit salon de mistress Glass, respirant une atmosphère qui ne lui semblait pas trop pure, ce qui provenait de quelques carottes de véritable tabac de la Havane, soigneusement serrées dans une armoire secrète, et que la bonne marchande, soit par respect pour la manufacture, soit par crainte de l'excise, ne se souciait pas de placer en évidence dans la boutique. Elles communiquaient à l'appartement un parfum qui, quoique agréable à l'odorat d'un connaisseur, ne flattait nullement celui de Jeanie.

— Mon Dieu ! pensait-elle, est-il possible que, pour avoir une robe de soie, une montre d'or, et quoi que ce puisse être au monde, ma cousine se condamne à rester assise toute la journée, et à éternuer dans une boutique, tandis que si elle le voulait elle pourrait se promener sur les vertes montagnes!

Mistress Glass n'était pas moins surprise de la répugnance que sa cousine montrait pour sortir, et du peu de curiosité qu'elle avait de voir ce que Londres renfermait de remarquable. — On a beau être dans le chagrin, pensait-elle, on aime toujours à voir quelque chose ; cela aide à passer le temps. Mais Jeanie fut inébranlable.

Elle demeura toute la journée dans cet état pénible que causent des espérances qu'on se flatte de voir se réaliser à chaque instant, et qui ne se réalisent point. Les minutes succédaient aux minutes, les heures aux heures, et aucune nouvelle n'arrivait. Son cœur tressaillait chaque fois qu'elle entendait entrer ou parler dans la boutique ; elle ne put même se résoudre à bannir tout espoir quand il fut trop tard pour pouvoir en conserver raisonnablement. Enfin toute la journée s'écoula dans les inquiétudes d'une attente inutile.

La matinée du jour suivant se passa de la même manière ; mais à midi un des gens du duc entra dans la boutique de mistress Glass, et lui demanda à voir la jeune Écossaise qui était chez elle.

— C'est sûrement ma cousine Jeanie Deans, M. Archibald, dit mistress Glass. Si vous avez quelque message de Sa Grâce pour elle, je lui en ferai part dans un moment.

— J'ai besoin de lui parler à elle-même, mistress Glass.

— Jeanie! Jeanie Deans! s'écria mistress Glass au pied d'un petit escalier tournant qui était au fond de son arrière-boutique, descendez, descendez bien vite ; voici M. le valet de chambre de Sa Grace le duc d'Argyle qui désire vous parler.

On pense bien que Jeanie ne se fit pas attendre. Elle mit son plaid, descendit sur-le-champ, mais les jambes étaient près de lui manquer en entrant dans la boutique.

— Je suis chargé de vous prier de m'accompagner, lui dit Archibald en la saluant.

— Je suis toute prête, monsieur, répondit Jeanie.

— Est-ce que ma cousine va sortir, M. Archibald?.... Bien sûrement il faut que je l'accompagne. James Rasper, veillez à la boutique. M. Archibald, ajouta-t-elle en ouvrant un vase de porcelaine rempli de tabac et en le lui présentant, au nom de notre ancienne connaissance, remplissez votre tabatière, tandis que je vais me préparer. C'est le tabac de Sa Grace.

M. Archibald faisant passer modestement quelques grains de tabac du vase dans sa boîte, dit à mistress Glass qu'il était obligé de se priver du plaisir de sa compagnie, n'ayant reçu ordre de conduire chez le duc que la jeune personne.

— Que la jeune personne, M. Archibald? Cela n'est-il pas un peu extraordinaire? Mais Sa Grace sait ce qui est convenable, et vous êtes un homme de poids, M. Archibald : ce n'est pas au premier venu, arrivant de la maison d'un grand seigneur, que je confierais ma cousine. Mais, Jeanie, vous ne pouvez aller dans les rues avec M. Archibald, votre plaid de tartan sur vos épaules, comme si vous conduisiez un troupeau de bestiaux dans vos montagnes. Attendez que je vous aille chercher mon schall de soie ; vous feriez courir la foule après vous.

Jeanie ne savait comment échapper aux soins officieux de la bonne marchande ; mais Archibald la tira d'embarras.

— Je ne puis attendre un seul instant, madame, lui dit-il ; d'ailleurs j'ai un fiacre à la porte, et je ramènerai votre jeune parente de la même manière.

En même temps il présenta la main à Jeanie, et la fit monter dans la voiture, tandis qu'elle était plongée dans la surprise et l'admiration du ton d'aisance avec lequel il avait éludé les offres obligeantes de mistress Glass, sans expliquer les ordres de son maître, et sans entrer dans aucune explication.

M. Archibald se plaça sur le devant du fiacre, en face de Jeanie. Une demi-heure se passa sans qu'un seul mot fût prononcé de part ni d'autre. Enfin Jeanie remarqua que la première fois qu'elle avait été chez le duc, elle n'avait pas été si long-temps en route, et elle se hasarda à demander à son silencieux compagnon où ils allaient.

— Milord duc vous en informera lui-même, madame, lui répondit-il avec l'air de politesse qui distinguait toute sa conduite. Quelques instans après, le cocher arrêta ses chevaux et quitta son siège pour ouvrir la portière ; Archibald sortit de voiture, et donna la main à Jeanie pour l'aider à en descendre. Elle se trouvait sur une grande route à la sortie de Londres, près d'une barrière, et à deux pas était une voiture attelée de quatre beaux chevaux, mais sans armoiries, et les domestiques ne portaient pas de livrée.

— Je vois que vous avez été ponctuelle, Jeanie, dit le duc pendant qu'Archibald ouvrait la portière : maintenant vous allez être ma compagne de route ; Archibald attendra ici avec le fiacre jusqu'à notre retour

Avant que Jeanie pût lui répondre, elle se trouva, à sa grande surprise, assise à côté d'un duc, dans un superbe équipage dont le mouvement, malgré la rapidité de sa course, était bien autrement doux que celui du fiacre qu'elle venait de quitter.

— Ma chère enfant, dit le duc, après avoir bien examiné toutes les circonstances de l'affaire de votre sœur, je persiste à croire que l'exécution de sa sentence pourrait être une grande injustice. J'en ai conféré avec deux ou trois des meilleurs jurisconsultes de l'Angleterre et de l'Écosse, et ils partagent mon opinion. Ne me remerciez pas encore, écoutez-moi jusqu'au bout. Je vous ai déjà dit que ma propre conviction est de peu d'importance. Il s'agit de la faire passer dans l'esprit des autres. J'ai donc fait pour vous ce que, dans le moment actuel, je n'aurais pas fait pour moi : j'ai sollicité une audience d'une dame qui a le plus grand crédit sur l'esprit du roi, et qui mérite de l'avoir. Elle me l'a accordée, et je désire qu'elle vous voie et que vous lui parliez vous-même. Point de timidité. Il ne s'agit que de conter votre histoire comme vous me l'avez contée à moi-même.

— Je suis fort obligée à Votre Grace, répondit Jeanie qui se souvint en ce moment des leçons de mistress Glass : mais puisque j'ai eu le courage de parler à Votre Grace pour la pauvre Effie, il me semble que je ne serai pas plus honteuse pour parler à une dame. Mais, monsieur, je voudrais bien savoir comment je dois l'appeler. Faut-il dire mylady, Votre Honneur ou Votre Grace? je tâcherai de m'en souvenir; car je sais que les dames tiennent plus à leurs titres que les messieurs.

— Vous n'avez besoin de l'appeler que madame. Dites-lui ce que vous croirez le plus propre à faire impression sur elle. Seulement regardez-moi de temps en temps, et quand vous me verrez porter la main à ma cravate, comme cela, arrêtez-vous. Je ne ferai ce geste que lorsque vous direz quelque chose qui pourrait déplaire.

— Mais, monsieur, si ce n'était pas trop exiger de Votre Grace, ne vaudrait-il pas mieux me dire d'avance ce que je dois dire. J'ai une bonne mémoire, et je tâcherais de l'apprendre par cœur.

— Cela ne produirait pas le même effet, Jeanie; vous auriez l'air de lire un sermon, et vous savez que nous autres bons presbytériens, nous prétendons qu'un sermon lu a moins d'onction que lorsqu'on le débite sans livre. Parlez aussi simplement et aussi facilement à cette dame que vous m'avez parlé avant-hier ; et si vous pouvez l'intéresser à vous, je gage un plack (1), comme nous le disons en Écosse, qu'elle obtiendra du roi la grace de votre sœur.

Le duc, tirant alors une brochure de sa poche, se mit à lire; et Jeanie, qui avait ce tact et ce bon sens qui constituent ce qu'on pourrait appeler le savoir-vivre naturel, jugea par là que Sa Grace désirait qu'elle ne lui fît plus de questions; elle garda le silence pendant le reste de la route.

La voiture roulait rapidement à travers des prairies fertiles, ornées de vieux chênes majestueux, et de temps en temps on apercevait le miroir des eaux d'une rivière large et paisible. Après avoir traversé un joli village, l'équipage s'arrêta sur une hauteur d'où la richesse des paysages anglais se déployait dans toute sa magnifi-

---

(1) Une des plus petites monnaies d'Écosse. — Éd

cencé. Le duc descendit de voiture, et dit à Jeanie de le suivre.

Ils restèrent un moment sur la colline pour jouir de la perspective sans égale qu'elle offrait. Une vaste mer de verdure, avec des promontoires formés par des bouquets d'arbres de toute espèce, offrait à l'œil de nombreux troupeaux qui semblaient errer en liberté dans de gras pâturages. La Tamise, tantôt bordée de belles maisons de campagne, tantôt couronnée de forêts, s'avançait paisiblement comme le fleuve-roi de ces lieux, dont tous les autres charmes n'étaient qu'accessoires; sur son sein erraient des navires et des esquifs dont les blanches voiles et les pavillons flottans donnaient la vie a tout le tableau.

On pense que le duc d'Argyle connaissait ce point de vue, mais il est toujours nouveau pour un homme de génie. En s'arrêtant pour contempler ce paysage inimitable avec cet enthousiasme qu'il fait naître nécessairement dans le cœur de tout ami de la nature, il reporta naturellement ses pensées sur ses domaines d'Inverrary (1), plus imposans, et qui ne sont guère moins beaux peut-être. — Voilà une belle vue, dit-il à Jeanie, curieux peut-être de connaître ses sensations; nous n'avons rien de semblable en Écosse.

— Certainement, dit Jeanie, voilà de bons pâturages pour les vaches, et ils ont ici une belle race de bétail; mais j'aime autant les roches d'Arthur's-Seat, avec la mer qui s'étend au-delà, que tous ces arbres-là.

(1) Voyez, pour le contraste de ces divers paysages, la huitième livraison des *Vues pittoresques d'Ecosse*, et l'excursion a Richemond dans le *Voyage historique et littéraire en Angleterre et en Ecosse*. — ÉD

Le duc sourit à cette réponse, qui se sentait de l'esprit national de Jeanie et de sa profession. Il donna ordre à son cocher de l'attendre en cet endroit; et, traversant un sentier qui paraissait peu fréquenté, il conduisit Jeanie, par plusieurs détours, à une petite porte pratiquée dans un mur de brique fort élevé. Elle était fermée, mais le duc ayant frappé légèrement, un homme qui l'attendait regarda par une petite grille en fer ajustée dans la porte pour voir ceux qui s'y présentaient, et ayant reconnu le duc d'Argyle, il l'ouvrit aussitôt, et la referma soigneusement dès qu'il fut entré avec sa compagne. Tout cela se fit avec une grande promptitude, et l'homme qui avait ouvert et fermé la porte disparut si soudainement, que Jeanie eut à peine le temps de jeter un coup d'œil sur lui.

Ils se trouvaient alors au bout d'une allée longue et étroite, couverte d'un vert gazon, qui semblait sous leurs pieds un tapis de velours. De grands ormes, entrelaçant leurs rameaux, ne laissaient point pénétrer les rayons du soleil. La solennité du demi-jour qui régnait sous ces arceaux de feuillage, et les troncs de ces arbres antiques, qu'on aurait pris pour autant de colonnes, rendaient cette allée semblable à l'aile latérale d'une ancienne cathédrale gothique.

CHAPITRE XXXVII.

> « J embrasse vos genoux,
> » Voyez ces pleurs, ces mains qui s élèvent vers vous !
> » A Dieu seul jusqu'ici j adressai ma prière,
> » Mais vous êtes de Dieu l'image sur la terre
> » Soyez donc, comme lui, bon et compatissant »
>
> Le Frere sanguinaire

Quoique encouragée par les bontés de son noble compatriote, ce ne fut pas sans un sentiment qui approchait de la terreur que Jeanie se vit seule, dans un endroit en apparence si solitaire, avec un homme d'un rang si élevé. Qu'il lui eût été permis de voir le duc chez lui, d'en obtenir une audience particulière, c'était déjà une circonstance bien marquante dans les annales d'une vie aussi simple que la sienne ; mais se trouver sa compagne de voyage dans sa propre voiture, et ensuite seule avec lui dans un lieu si retiré ;... il y avait là quelque chose d'inexplicable et d'imposant. Une héroïne de roman aurait soupçonné et redouté le pouvoir de ses charmes ; mais Jeanie avait trop de bon sens pour qu'une pareille idée se présentât à son esprit ; elle n'en désirait pourtant pas moins ardemment savoir où elle était, et à qui elle allait être présentée.

Elle remarqua que les vêtemens du duc étaient élégans et convenables à son rang ; car il n'était pas encore d'usage que les hommes de qualité s'habillassent comme leurs cochers et leurs valets de chambre ; mais cependant ils étaient plus simples que ceux qu'elle lui avait vus dans son hôtel, et il n'avait aucune des décorations qu'elle avait remarquées sur ses habits, lors de sa première entrevue avec lui. En un mot, il était mis aussi modestement que pouvait l'être à Londres, le matin, un homme de bon ton. Cette circonstance contribua à bannir de l'esprit de Jeanie l'idée qu'elle commençait à avoir que le duc avait peut-être dessein de lui faire plaider sa cause devant la reine elle-même. Car certainement, pensa-t-elle, il aurait mis sa *belle étoile* et sa *jarretière*, s'il avait l'intention de paraître en présence de Sa Majesté ; et, après tout, ce jardin ressemble plutôt au château d'un seigneur qu'au palais d'un roi.

Ce raisonnement n'était pas dénué de bon sens, mais Jeanie ne connaissait pas assez l'étiquette ni les relations qui existaient entre le duc d'Argyle et le gouvernement, pour pouvoir apprécier les motifs de sa conduite. Le duc, comme nous l'avons déjà dit, était alors en opposition ouverte avec l'administration de sir Robert Walpole, et passait pour être en disgrace auprès de la famille royale, malgré les services importans qu'il lui avait rendus. Mais une maxime politique de la reine était de se comporter à l'égard de ses amis avec la même précaution que s'ils pouvaient être un jour ses ennemis, et d'agir avec ceux qui s'opposaient à son gouvernement avec la même circonspection que s'ils pouvaient en devenir les plus fermes soutiens. Depuis Marguerite d'Anjou, aucune reine n'avait eu autant d'influence que Caroline sur les affaires politiques en Angleterre, et l'adresse dont elle avait fait preuve en bien des occasions avait puissamment contribué à convertir plusieurs de ces Torys déterminés qui, après la mort de la reine Anne, dernière reine du sang des Stuarts, avaient conservé des dispositions favorables à son frère le chevalier de Saint-Georges, et ne reconnaissaient pas au fond du cœur les droits de la maison de Hanovre. Son époux, dont la plus brillante qualité était son courage sur le champ de bataille, et qui remplissait la place de roi d'Angleterre sans avoir jamais pu acquérir les habitudes, ni se familiariser avec les usages de la nation, trouvait le plus puissant secours dans l'adresse de sa royale compagne; et tandis qu'il affectait, par jalousie, de ne consulter que sa propre volonté, et de n'agir que d'après son bon plaisir, il avait en secret assez de prudence pour prendre et pour suivre les avis de la reine plus adroite. Il lui laissait le soin important de déterminer les divers degrés de faveur qui pouvaient être nécessaires pour s'attacher les esprits encore vacillans; confirmer dans leurs bonnes dispositions ceux sur lesquels il pouvait compter, et enfin pour gagner ceux qui n'étaient pas favorablement disposés.

A toutes les qualités séduisantes d'une femme accomplie, pour le temps où elle vivait, la reine Caroline joignait la fermeté d'ame de l'autre sexe. Elle était naturellement fière, et sa politique était quelquefois insuffisante pour modérer l'expression de son déplaisir; quoique personne ne fût plus habile à réparer une fausse démarche de cette nature dès que la réflexion succédait au premier mouvement de vivacité. Elle aimait à jouir de la réalité du pouvoir, et s'inquiétait peu d'en avoir l'apparence. Quelque sage mesure qu'elle fît prendre, quelque acte propre à acquérir de la popularité qu'elle conseillât, elle voulait toujours que le roi en eût tout l'honneur, convaincue que, plus il serait respecté, plus elle aurait droit de l'être elle-même. Elle désirait tellement se conformer à tous ses goûts, qu'ayant été attaquée de la goutte, elle eut plusieurs fois recours à des bains froids pour en calmer l'accès, au risque de sa vie, afin de pouvoir accompagner le roi comme à l'ordinaire dans ses promenades.

Il était dans le caractère de la reine Caroline de conserver des relations secrètes avec ceux à qui elle paraissait en public avoir retiré ses bonnes graces, ou qui, par différentes raisons, n'étaient pas bien avec la cour. Par ce moyen, elle tenait en main le fil de plus d'une intrigue politique, et elle empêchait souvent le mécontentement de se changer en haine, et l'opposition de devenir rébellion. Si quelque accident faisait remarquer ou découvrir cette correspondance secrète, ce qu'elle tâchait avec soin de prévenir, elle en parlait comme d'une liaison de société qui n'avait aucun rapport à la politique, et le premier ministre, sir Robert Walpole, fut obligé de se contenter de cette réponse, quand il découvrit que la reine avait accordé une audience particulière à Pultenay, depuis comte de Bath, son ennemi le plus redoutable et le plus invétéré.

LA PRISON D'ÉDIMBOURG.

D'après ce soin de la reine Caroline d'entretenir quelques liaisons avec des personnes qui ne passaient pas pour être favorables au système du gouvernement, on doit supposer qu'elle s'était bien gardée de rompre entièrement avec le duc d'Argyle. Sa haute naissance, ses talens distingués, le crédit dont il jouissait dans toute l'Écosse, les grands services qu'il avait rendus à la maison de Brunswick en 1715, le plaçaient au premier rang des personnages qu'il aurait été imprudent de mécontenter tout-à-fait. Lui seul, par son influence, était venu à bout d'arrêter la rébellion des Highlanders que leurs Chefs avaient appelés aux armes pour les Stuarts, et il n'y avait nul doute qu'il ne pût, d'un seul mot, les soulever encore et renouveler la guerre civile. On savait d'ailleurs que la cour de Saint-Germain avait fait faire au duc les propositions les plus séduisantes. On connaissait peu le caractère et les dispositions des Écossais; on regardait ce pays comme un volcan dont les feux mal éteints pouvaient se ranimer tout à coup et produire une éruption épouvantable. Il était donc de la plus haute importance de conserver toujours quelques relations avec un homme tel que le duc d'Argyle, et Caroline s'en était ménagé par le moyen d'une dame avec laquelle on aurait pu supposer que l'épouse de Georges II avait des liaisons moins intimes.

Ce n'était pas la moindre preuve d'adresse qu'avait donnée la reine, que d'avoir conservé parmi les principales dames de sa suite lady Suffolk, qui réunissait les deux caractères, en apparence si opposés, de maîtresse du roi et de confidente soumise et complaisante de la reine. Par cette adroite manœuvre, Caroline garantissait son pouvoir du danger qu'elle avait le plus à

craindre, l'influence d'une rivale ambitieuse. Si elle se
soumettait à la nécessité de fermer les yeux sur l'infidélité de son époux, elle était du moins en garde contre
ce qui pouvait, à ses yeux, en être le plus fâcheux résultat, et trouvait d'ailleurs l'occasion de lâcher de temps
en temps quelques petits sarcasmes contre — sa bonne
Howard (1) — qu'elle traitait cependant en général avec
les égards convenables. Lady Suffolk avait des obligations au duc d'Argyle. On en peut voir les causes dans
les souvenirs (2) qu'Horace Walpole nous a laissés de ce
règne. Le duc avait, par son entremise, quelques entrevues particulières avec la reine. Elles avaient cessé depuis la part qu'il avait prise à la discussion qui avait eu
lieu dans le parlement sur l'affaire de Porteous, la
reine étant disposée à regarder l'émeute qui avait eu
lieu à Edimbourg comme une insulte préméditée faite

(1) Henriette Hobart (lady Suffolk) avait épousé M. Howard, à qui la mort de ses freres aînés procura plus tard le titre de comte de Suffolk. Henriette Hobart était fille d'un baronnet d'une fortune modique, et son mari n'était rien moins que riche lorsqu'elle devint sa femme à la fin du regne de la reine Anne. C'était alors la mode de porter de ces énormes perruques qui coûtaient jusqu'à trente guinees. Mistress Howard vendit un jour ses cheveux, qui etaient de la plus grande beauté, pour avoir de quoi dîner. Depuis elle acquit les bonnes graces de la princesse Sophie, dont elle devint une des dames de compagnie. Elle avait été la confidente de l'amour de Georges pour miss Bellenden, qui etait rebelle aux vœux du prince. Mistress Howard lui succéda, mais avec plus de complaisance. Le portrait que trace sir Walter Scott de lady Suffolk est en grande partie emprunté à Horace Walpole. — Éd.

(2) Les souvenirs d'Horace Walpole portent le titre de *Reminicences of the reigns of George I et II*. Cet ouvrage est un recueil d'anecdotes de cour, on y trouve ce caquetage plein d'esprit et de bon ton qui distingue aussi les lettres de ce seigneur. — Éd.

à son autorité, plutôt que comme une effervescence soudaine de vengeance populaire. Cependant les moyens de communication restaient ouverts entre eux, quoiqu'on n'en eût pas fait usage depuis ce temps. Ces remarques sont nécessaires pour faire comprendre comment s'était préparée la scène que nous allons présenter au lecteur.

Quittant l'allée droite qu'ils avaient traversée, le duc en prit une plus large et non moins longue. Là, pour la première fois depuis qu'ils étaient dans le jardin, Jeanie aperçut deux personnes qui s'avançaient vers eux.

C'étaient deux dames. L'une marchait à quelques pas derrière l'autre, assez près d'elle cependant pour pouvoir l'entendre et lui répondre. Comme elles s'approchaient lentement, Jeanie eut le temps d'étudier leur physionomie. Le duc d'ailleurs ralentit aussi le pas, comme pour lui donner le loisir de se remettre de son trouble, et lui répéta plusieurs fois de ne pas être intimidée. La dame qui marchait la première avait des traits assez agréables, quoiqu'un peu marqués de la petite vérole, ce fléau pestilentiel que chaque Esculape de village peut maintenant (grace à Jenner) dompter aussi facilement que son dieu tutélaire terrassa le serpent Python. Ses yeux étaient brillans, elle avait de belles dents, et pouvait prendre à volonté un air aimable ou majestueux. Quoique chargée d'un peu d'embonpoint, sa taille avait de la grace, et sa démarche ferme et pleine d'aisance n'aurait pas permis de soupçonner qu'elle souffrait en ce moment du mal le plus funeste pour l'exercice à pied. Ses vêtemens étaient plus riches qu'élégans, et ses manières nobles et imposantes.

Sa compagne, d'une taille moins grande, avait les cheveux d'un châtain clair, et des yeux bleus pleins d'expression. Ses traits, sans être absolument réguliers, étaient plus agréables que s'ils avaient été d'une beauté au-dessus de toute critique ; un air mélancolique, ou du moins pensif, auquel sa situation ne lui donnait que trop de raison pour se livrer, dominait en elle quand elle gardait le silence, mais faisait place au sourire le plus agréable dès qu'elle parlait.

Quand le duc fut à douze ou quinze pas de ces dames, il fit signe à Jeanie de s'arrêter, et s'avançant vers elles avec la grace qui lui était naturelle, il fit un salut respectueux à la première, qui le lui rendit d'un air de dignité.

— J'espère, dit-elle avec un sourire affable, que je vois le duc d'Argyle en aussi bonne santé que ses amis, ici et ailleurs, peuvent le souhaiter, quoiqu'il ait été bien étranger à la cour depuis quelque temps.

Le duc répondit qu'il s'était fort bien porté, mais que la nécessité d'assister aux séances de la chambre des lords, et un voyage qu'il avait fait depuis en Écosse, l'avaient forcé d'être moins assidu qu'il l'aurait désiré aux levers et aux drawing-rooms (1).

— Quand Votre Grace pourra trouver quelques instans pour des devoirs si frivoles, reprit la reine, vous savez les titres que vous avez pour être bien reçu. J'espère que la promptitude avec laquelle je me suis rendue aux désirs que vous avez exprimés hier à lady Suf-

(1) Les *levers* sont des assemblées d'étiquette où l'on va faire sa cour au roi Le *drawing-room* (salon) est ce que nous appelons en France le cercle chez le roi — Éd.

folk sera pour vous une preuve suffisante qu'il existe au moins une personne de la famille royale qui n'a pas oublié d'anciens et importans services pour s'offenser de ce qui pourrait paraître un peu de négligence.

Tout cela fut dit d'un air de bonne humeur et d'un ton qui annonçait le désir de la conciliation.

Le duc répondit qu'il se regarderait comme le plus malheureux des hommes, si on le supposait capable de négliger ses devoirs dans des circonstances où il pourrait penser qu'ils fussent agréables; que l'honneur que Sa Majesté daignait lui accorder en ce moment le pénétrait de reconnaissance, et qu'il espérait qu'elle reconnaîtrait qu'il ne s'était permis de l'interrompre que pour un objet qui pouvait avoir quelque importance pour les intérêts de Sa Majesté.

— Vous ne pouvez m'obliger davantage, duc, répliqua la reine, qu'en m'accordant le secours de vos lumières et de votre expérience pour tout ce qui concerne le service du roi. Votre Grace n'ignore pas que je ne suis que le canal par lequel l'affaire peut être soumise à la sagesse supérieure de Sa Majesté; mais, si elle vous concerne personnellement, j'ose croire qu'elle ne perdra rien à lui être présentée par moi.

— Je sens toute la force des obligations que j'ai à Votre Majesté, dit le duc. Il ne s'agit pourtant pas d'une affaire qui me soit personnelle, mais d'un objet qui intéresse le roi comme ami de la justice et de la clémence. C'est une occasion qui peut servir à calmer la malheureuse irritation qui existe en ce moment parmi les fidèles sujets d'Écosse.

Il se trouvait dans ce peu de mots deux choses qui déplurent à la reine. La première, c'est qu'elle écartait l'idée flatteuse qu'elle avait conçue que le duc d'Argyle desirait employer son entremise pour faire sa paix avec le gouvernement, et obtenir sa réintégration dans les emplois dont il avait été privé; la seconde, c'est qu'elle était mécontente de l'entendre parler du soulèvement d'Édimbourg comme d'une irritation qu'il fallait calmer, tandis qu'elle le considérait comme une révolte qu'il convenait de punir.

D'après le sentiment qui l'agitait en ce moment, elle répondit avec assez de vivacité : — Si le roi a de bons sujets en Angleterre, milord, il doit en rendre grace à Dieu et aux lois; mais, s'il a des sujets en Écosse, je crois qu'il n'en est redevable qu'à Dieu et à son épée.

Le duc, tout courtisan qu'il était, sentit le sang écossais lui monter au visage. La reine vit qu'elle avait été trop loin, et sans changer de ton ni de physionomie, elle ajouta, comme si c'eût été la suite de la même phrase :—Et à l'épée des vrais Écossais, amis de la maison de Brunswick, surtout à celle de Sa Grace, le duc d'Argyle.

— Mon épée, comme celle de mes pères, madame, a toujours été aux ordres de mon roi légitime et de ma patrie. Je crois qu'il est impossible de séparer leurs droits et leurs intérêts véritables. Mais il ne s'agit en ce moment que d'une affaire particulière, d'une affaire qui concerne un individu obscur.

— Quelle est cette affaire, milord ? sachons d'abord de quoi nous parlons, afin qu'il ne puisse y avoir de malentendu entre nous.

— Il s'agit, madame, de la vie d'une malheureuse jeune Écossaise, condamnée à mort pour un crime dont tout me porte à croire qu'elle est innocente. Mon humble demande consiste à supplier Votre Majesté d'employer sa puissante intercession auprès du roi pour obtenir son pardon.

Ce fut alors la reine qui rougit à son tour. Son front, ses joues, son cou, son sein, devinrent pourpres. Elle garda le silence un instant, comme si elle se fût méfiée d'un premier mouvement de colère; prenant enfin un air sévère de dignité : — Milord, lui dit-elle, je ne vous demanderai pas quels sont vos motifs pour m'adresser une requête que les circonstances rendent si extraordinaire. Le chemin du cabinet du roi vous est ouvert; comme pair du royaume et comme conseiller privé, vous avez le droit de lui demander une audience. Mon intervention n'est aucunement nécessaire ici, je n'ai que trop entendu parler de pardons accordés en Écosse.

Le duc s'attendait à ce premier débordement d'indignation, et il se contenta de garder un silence respectueux. La reine, habituée à se commander à elle-même, reconnut à l'instant qu'en s'abandonnant à la colère elle courait risque de laisser prendre avantage sur elle. Reprenant donc aussitôt le ton d'affabilité qui avait marqué le commencement de son entretien, elle ajouta : — Vous devez me permettre, milord, d'user des privilèges de mon sexe, et vous ne me jugerez pas sans indulgence, quoique vous me voyiez un peu émue au souvenir de l'insulte que l'autorité royale a reçue dans votre ville, à l'époque où ma personne en était momentanément revêtue. Votre Grâce ne peut s'étonner que j'y aie été sensible alors, et que je m'en souvienne encore aujourd'hui.

— Il est très-certain que cette faute ne peut s'oublier

sur-le-champ : mes pensées à ce sujet ont été les mêmes que celles de Votre Majesté, et je dois m'être bien mal exprimé, si je n'ai pas fait voir toute l'horreur que m'inspirait un meurtre commis avec des circonstances si extraordinaires. J'ai pu être assez malheureux pour différer d'opinion avec les conseillers de Votre Majesté, touchant la question de savoir s'il était juste ou politique de faire partager à l'innocent le châtiment dû au coupable; mais j'espère que Votre Majesté me permettra de garder le silence sur une discussion dans laquelle je n'ai pas le bonheur d'être du même avis que des hommes sans doute mieux instruits que moi.

— Oui, dit la reine, ne parlons plus d'une question sur laquelle nous ne pouvons être d'accord; mais un mot à l'oreille. Vous savez que notre bonne lady Suffolk est un peu sourde. Quand le duc d'Argyle sera disposé à renouer ses relations avec son maître et sa maîtresse, il se trouvera peu de sujets sur lesquels nous ne soyons du même avis.

— D'après une assurance si flatteuse, dit le duc en la saluant profondément, permettez-moi d'espérer que celui dont je vous parle ne sera pas un de ceux sur lesquels nous ne puissions être d'accord.

— Avant de vous donner l'absolution, dit la reine en souriant, il faut que j'entende votre confession. Quel intérêt prenez-vous à cette jeune femme, ajouta-t-elle en toisant Jeanie d'un air de connaisseuse; elle ne me semble pas faite pour exciter la jalousie de mon amie la duchesse.

— J'espère, répliqua le duc en souriant à son tour, que Votre Majesté m'accorde assez de goût pour que je sois à l'abri de tout soupçon à cet égard.

— Alors, quoiqu'elle n'ait pas l'air *d'une grande dame*, il faut que ce soit quelque cousine au trentième degré dans le terrible chapitre des généalogies écossaises (1).

— Non madame ; mais je désirerais que tous mes parens eussent son bon cœur, son honnêteté, toutes ses qualités estimables.

— Tout au moins elle s'appelle Campbell?

— Non, madame, son nom n'est pas tout-à-fait si distingué, s'il m'est permis de parler ainsi.

— Mais elle vient d'Inverrary, ou du comté d'Argyle ?

— Non, madame, elle n'avait de sa vie été plus loin qu'Édimbourg.

— Alors je suis au bout de mes conjectures, milord, et il faut que vous preniez la peine de m'apprendre quelle est l'affaire de votre protégée.

Le duc expliqua alors à la reine les dispositions singulières de la loi qui avait motivé la condamnation d'Effie, avec cette aisance et cette précision que l'usage du grand monde peut seul donner, et dont le ton est diamétralement contraire à celui des discours des avocats : il lui parla du long et pénible voyage que Jeanie avait entrepris dans l'espoir incertain d'obtenir la grace d'une sœur pour laquelle elle était prête à tout sacrifier, excepté sa conscience et la vérité.

La reine Caroline aimait assez à discuter; elle écouta

(1) Cette passion généalogique des Écossais, et surtout des Highlanders, a souvent fourni des allusions a l'auteur des *Contes de mon Hôte* Nous renvoyons le lecteur aux détails qu'on trouve dans *Waverley* sur les degrés de parenté dans un clan d'Écosse

le duc avec beaucoup d'attention, et trouva dans ce qu'il venait de lui dire des motifs pour opposer des difficultés à sa demande.

— Cette loi, milord, me paraît, comme a vous, bien sévère, mais elle existe ; je dois croire qu'elle a été adoptée d'après de mûres considérations ; les présomptions qui, d'après ses termes, établissent la conviction se trouvent dans le cas de cette fille; elle a donc été justement condamnée. La possibilité qu'elle soit innocente serait peut-être un motif pour demander au parlement le rapport de cette loi, mais ce n'en est pas un pour accorder la grace d'un individu qu'elle a condamné.

Le duc vit qu'en répondant à ce raisonnement il ne ferait qu'engager la reine à répliquer. Il craignit que la discussion ne fît que l'affermir dans son opinion, et que, pour paraître d'accord avec ses principes, elle ne lui refusât la grace qu'il sollicitait. Il évita ce piège par un détour adroit.

— Si Votre Majesté, lui dit-il, était assez bonne pour vouloir entendre ma pauvre compatriote, vous trouveriez peut-être dans votre propre cœur un avocat plus capable que moi de dissiper les doutes que vous suggère votre excellent jugement.

La reine parut y consentir, et le duc fit signe à Jeanie d'avancer. Elle était restée à l'endroit où le duc lui avait dit de s'arrêter ; elle était trop éloignée pour entendre leur conversation : le mot de Majesté avait seul frappé ses oreilles, et lui avait appris que c'était réellement la reine qui était devant ses yeux. Elle avait cherché à lire le sort de sa sœur sur la physionomie des deux interlocuteurs ; mais leurs traits étaient depuis trop long-temps habitués à supprimer tout signe extérieur d'émotion, pour qu'elle pût y rien apercevoir.

Sa Majesté ne put s'empêcher de sourire en voyant avec quel air de terreur respectueuse la petite Écossaise s'avança vers elle, et en entendant son accent écossais fortement prononcé. Mais Jeanie avait un son de voix si insinuant et si doux, que la reine fut émue involontairement quand, se jetant à ses pieds, elle la supplia en pleurant de prendre pitié d'une jeune fille plus malheureuse que coupable.

— Relevez-vous, jeune fille, lui dit la reine avec douceur. Mais quelle est donc la barbarie de votre pays, puisqu'on a été obligé d'y porter une loi aussi rigoureuse que celle qui a motivé la condamnation de votre sœur?

L'esprit national passe avant tout dans un cœur écossais. — Madame, répondit Jeanie; l'Écosse n'est pas le seul pays où il se trouve des mères cruelles envers leur propre sang.

Il faut observer que les querelles qui existèrent entre Georges II et son fils Frédéric, prince de Galles, étaient alors au plus haut point d'irritation, et que la voix du public en accusait la reine. Elle rougit encore une fois, et jeta un regard pénétrant d'abord sur Jeanie, et ensuite sur le duc. Tous deux le soutinrent imperturbablement, la première, parce qu'elle ne se doutait pas qu'elle eût offensé la reine, le second, parce qu'un courtisan est toujours maître de l'expression de ses traits. — Ma pauvre protégée, pensa-t-il pourtant, grace à la malheureuse réponse que l'amour du pays lui a suggérée, a brisé le fil auquel était attachée sa dernière espérance.

Lady Suffolk intervint avec adresse et bonté dans ce moment de crise. — Cette dame vous demande, dit-elle à Jeanie, quelles sont les causes qui rendent si commun en Écosse le crime pour lequel votre sœur a été condamnée.

— Il y en a qui pensent que c'est la session de l'Église (1) — c'est-à-dire — c'est le cutty-stool (2), avec votre permission, dit Jeanie en baissant les yeux, et en faisant la révérence.

— Comment avez-vous dit, demanda lady Suffolk ; elle avait l'oreille un peu dure, et Jeanie s'était servie d'une expression écossaise nouvelle pour elle.

— Madame, avec votre permission, répondit Jeanie,

(1) Nous avons décrit dans *Waverley* cette espèce de fauteuil où le pécheur reçoit une réprimande publique devant la congrégation presbytérienne. Une petite anecdote fera encore mieux connaître la singulière inquisition du clergé protestant, qui ne comprenait pas combien il y avait de scandale dans cette amende honorable à laquelle on a fini par substituer une amende pécuniaire.

Un laird cité devant le presbytère ne niait pas son péché, mais il offrit de se racheter pour une somme de l'exposition à cet humiliant pilori ecclésiastique. Il fut obligé pourtant de se soumettre, pour éviter l'excommunication dont les ministres le menacèrent, car l'excommunication était un véritable mis hors la loi pour les rapports sociaux. Le laird obtint seulement que le ministre de la paroisse, M. Hunter, ne nommerait pas celle avec qui il avait péché. Le laird s'assit donc sur le *cutty-stool*, revêtu du manteau noir de pénitence par la main du bedeau. Le ministre monte en chaire : M. Halley, dit-il au laird, vous êtes ici pour avouer votre remords d'avoir commis l'odieux péché de fornication avec..... Mais je n'ai pas besoin de nommer la personne, tout le monde la connaît! On pense bien que la pauvre pécheresse fut montrée au doigt comme si on l'avait nommée. — Éd.

(2) *Kirk-Session*, ou le presbytère, tribunal ecclésiastique dans l'église presbytérienne, qui a droit de censure sur ses membres.

c'est la sellette de repentance (1) sur laquelle on fait asseoir celles qui ont été légères dans leurs conversations et leur conduite, et celles qui ont violé le septième commandement. — Ici, ayant levé les yeux sur le duc elle le vit porter la main à sa cravate, et sans concevoir en quoi elle avait pu parler mal à propos, elle s'arrêta tout court, et donna par son silence même une nouvelle force à ce qu'elle venait de dire.

Lady Suffolk se retira comme un corps de troupes qui, s'étant avancé pour couvrir une retraite, est forcé par le feu d'une artillerie formidable de quitter le champ de bataille

— Au diable! pensa le duc d'Argyle : elle tire au hasard, à droite comme à gauche, et tout coup porte.

Le duc lui-même éprouvait une sorte de confusion. Ayant agi comme maître de cérémonies de l'ingénue et innocente Jeanie, il était dans le même embarras qu'un gentilhomme campagnard qui, ayant fait entrer son épagneul dans un salon, l'y voit briser les porcelaines, salir les fauteuils, et déchirer les robes des dames par ses accès de gaieté. Cependant le dernier trait que Jeanie venait de décocher sans s'en douter contre lady Suffolk fit oublier à la reine la blessure que le premier lui avait faite. Tout en songeant qu'elle était reine, elle ne pouvait oublier qu'elle était femme, et un bon mot aux dépens de sa bonne Suffolk ne lui déplaisait jamais. Elle se tourna vers le duc d'Argyle, en souriant d'un air

On peut appeler des jugemens du presbytère à l'Assemblée générale, grande cour ecclésiastique qui s'assemble chaque année une fois au mois de mai, pendant huit jours Voyez *Waverley*, tome Ier. — Ed.

(1) La sellette de fornication — Ed.

de satisfaction. — Il paraît, lui dit-elle, que vos compatriotes ont des principes de morale sévères. S'adressant ensuite à Jeanie, elle lui demanda comment elle était venue d'Ecosse.

— A pied, pour la plupart du temps, madame.

— Quoi! vous avez fait à pied cette longue route? combien de chemin pouvez-vous faire par jour?

— Vingt-cinq milles et un *buttock* (1), madame.

— Une quoi? dit la reine en regardant le duc d'Argyle.

— Et environ cinq milles de plus, répondit le duc; c'est une expression du pays.

— Je croyais être bonne marcheuse, dit la reine, mais voilà qui me fait honte.

— Puissiez vous, madame, dit Jeanie n'avoir jamais le cœur assez déchiré pour vous empêcher de sentir la fatigue de vos jambes.

— Cela vaut mieux, pensa le duc, voilà la première chose qu'elle ait dite à propos.

— Mais je n'ai pas fait toute la route à pied, continua Jeanie, j'ai quelquefois trouvé une place dans un chariot; j'ai eu la rencontre d'un cheval à Ferry-Bridge.... Elle coupa court à son histoire, en voyant le duc faire le signal convenu.

— Malgré tout cela, reprit la reine, vous avez dû faire un voyage bien fatigant, et probablement bien inutile, car si le roi accordait la grace de votre sœur, quel bien en retirerait-elle? je suppose que le peuple d'Édimbourg la pendrait par dépit.

— C'est maintenant qu'elle va se noyer tout-à-fait, pensa le duc.

---

(1) Un petit bout de plus — Éd

Il se trompait. Les écueils sur lesquels Jeanie avait touché étaient cachés sous l'eau, mais celui-ci était visible, et elle sut l'éviter.

— Je suis bien sûre, répondit-elle, que toute la ville et tout le pays se réjouiraient de voir Sa Majesté prendre pitié d'une pauvre malheureuse créature.

— Sans doute, dit la reine d'un ton d'ironie, Sa Majesté en a eu une excellente preuve tout récemment : mais je suppose que milord lui conseillerait de prendre l'avis de la populace d'Édimbourg pour savoir quels sont ceux qui méritent d'éprouver sa clémence.

— Non, madame, répondit le duc, je conseillerais à Sa Majesté de ne consulter que son cœur et celui de sa respectable épouse, et je suis sûr qu'elle ne ferait jamais tomber le châtiment que sur le coupable, encore serait-ce avec regret.

— Fort bien, milord, mais tous ces beaux discours ne peuvent me convaincre qu'il soit convenable de donner si promptement une marque de faveur à une ville, je ne veux pas dire rebelle, mais intraitable et mal intentionnée. Quoi ! toute la nation semble liguée pour sauver les abominables assassins d'un homme à qui le roi avait accordé un sursis ! Parmi tant de complices d'un crime si atroce, si public, comment se fait-il que pas un n'ait été reconnu, livré à la justice ? Répondez-moi, jeune fille, aviez-vous quelque ami, quelque parent parmi les factieux qui ont assassiné Porteous ?

—Non, madame, répondit Jeanie, se trouvant bien heureuse que cette question lui fût faite dans des termes qui lui permettaient d'y répondre négativement sans blesser la vérité.

— Mais si vous en connaissiez quelqu'un, ne vous

feriez-vous pas un cas de conscience de lui garder le secret?

— Je prierais le ciel, madame, de m'indiquer la marche que je devrais suivre.

— Et vous suivriez celle qui conviendrait à votre inclination.

—Madame, dit Jeanie, j'aurais été au bout du monde pour sauver la vie de Porteous et de toute autre personne qui se serait trouvée à sa place; mais il est mort, et c'est à ses meurtriers de répondre de leur conduite. Mais ma sœur, madame! ma pauvre sœur Effie, elle vit encore, quoique ses jours soient comptés! Elle vit encore; et un seul mot de la bouche du roi peut la rendre à un vieillard désolé, qui, dans ses prières le matin et le soir, n'a jamais oublié de supplier le ciel d'accorder à Sa Majesté un règne long et prospère, et d'établir sur la justice son trône et celui de sa postérité. O madame! si vous pouvez concevoir ce que c'est que de souffrir pour une pauvre créature qui n'est en ce moment ni morte ni vivante, ayez compassion de notre malheur! Sauvez du déshonneur une honnête famille! Sauvez une malheureuse fille qui n'a pas encore dix-huit ans, d'une mort ignominieuse et prématurée! Quand vient l'heure de la mort, milady, elle vient pour les grands comme pour les petits, et puisse-t-elle venir bien tard pour vous! Ce n'est pas ce que nous avons fait pour nous, mais bien ce que nous avons fait pour les autres qui peut nous donner de la consolation; et, à cette heure, n'importe quand elle arrivera, vous aurez plus de plaisir à songer que vous avez sauvé la vie d'une pauvre fille, que si vous faisiez pendre tout l'attroupement de Porteous.

Les pleurs coulaient sur les joues de Jeanie, animée des plus vives couleurs, tandis qu'elle plaidait ainsi la cause d'Effie du ton le plus simple et le plus touchant.

—Voilà de l'éloquence, dit Sa Majesté au duc d'Argyle. Jeune fille, dit-elle, en s'adressant à Jeanie, je n'ai pas le droit d'accorder la grace de votre sœur, mais je vous promets d'intercéder, d'intercéder vivement pour elle auprès du roi. Prenez ce petit nécessaire, ajouta-t-elle en lui donnant un porte-feuille en satin brodé. Ne l'ouvrez pas à présent, vous y trouverez quelque chose qui vous fera souvenir que vous avez eu une entrevue avec la reine Caroline.

Jeanie se jeta à ses pieds, et aurait répété les expressions de sa reconnaissance, si le duc, qui était sur les épines de crainte qu'elle ne dît trop ou trop peu, n'eût encore une fois touché sa cravate.

— Je crois, milord, dit la reine, que notre affaire est terminée quant à présent, et j'espère qu'elle l'est à votre satisfaction. Je me flatte qu'à l'avenir je verrai plus fréquemment Votre Grace, soit à Richemont, soit au palais de Saint-James. Allons, lady Suffolk, retournons au château. Adieu, milord.

Le duc d'Argyle fit une profonde révérence, et dès que la reine se fut retirée, il reprit l'allée qui conduisait hors du parc, précédant Jeanie, qui le suivait avec les sensations de celui qui marche en dormant.

CHAPITRE XXXVIII.

« Si du roi je préviens e fléchir le courroux
» Chacun saura bientôt que j'ai parlé pour vous »
                                        Cymbeline

Le duc d'Argyle et son humble compagne arrivèrent bientôt à la petite porte par laquelle ils étaient entrés dans le parc de Richemont, qui fut si long-temps la résidence favorite de la reine Caroline. Le même portier, presque invisible, la leur ouvrit, et ils se trouvèrent hors de l'enceinte de cette maison royale. Pas un mot n'avait été prononcé jusque-là de part ni d'autre. Le duc voulait probablement donner à sa protégée villageoise le temps de rappeler ses sens encore troublés, après s'être trouvée en présence d'une reine, et l'esprit de Jeanie était trop occupé de ce qu'elle avait vu et entendu, pour songer à faire aucune question.

Ils trouvèrent l'équipage du duc dans l'endroit où ils l'avaient laissé, et y étant remontés, ils reprirent avec rapidité le chemin de la ville.

— Je pense, Jeanie, dit le duc, rompant enfin le silence, que vous avez lieu de vous féliciter du résultat de votre entrevue avec la reine.

— Et c'était bien véritablement la reine ! dit Jeanie. J'ai peine à me le persuader ; et cependant je m'en étais doutée quand j'ai vu que vous ne remettiez pas votre chapeau sur votre tête.

— C'était bien la reine Caroline, répondit le duc ; mais n'êtes-vous pas curieuse de voir ce qu'il y a dans le porte-feuille qu'elle vous a donné ?

— Croyez-vous que j'y trouve la grace de ma sœur ? demanda vivement Jeanie.

— Oh! non! dit le duc, cela n'est pas vraisemblable. On ne porte pas ainsi des *graces* en poche, sans savoir si l'on vous en demandera. D'ailleurs, elle vous a dit que le roi seul avait le droit de faire grace.

— Cela est vrai, dit Jeanie, j'ai l'esprit si troublé.... mais ne regardez-vous pas la grace de ma sœur comme certaine ?

— Vous savez que nous disons en Écosse : Les rois sont des chevaux qu'il n'est pas facile de ferrer des pieds de derrière; mais la reine sait comment elle doit s'y prendre, et je n'ai pas le moindre doute que la grace ne soit accordée.

— Que Dieu soit loué! Que son nom soit béni! s'écria Jeanie, et puisse la bonne dame jouir toute sa vie du bonheur qu'elle me fait goûter en ce moment! Que le ciel vous récompense aussi, milord ; car, sans votre secours, comment aurais-je pu approcher d'elle?

Elle continua quelque temps à lui parler de cette manière, tenant en main le porte-feuille sans l'ouvrir. Le duc ne l'interrompit point; il voulait voir si le sentiment de la reconnaissance l'emporterait long-temps sur la curiosité. Mais Jeanie, sachant que le pardon de sa sœur ne s'y trouvait point, n'était nullement pressée, et le duc, peut-être plus curieux qu'elle ne l'était elle-même, fut obligé de lui en parler une seconde fois. Elle l'ouvrit alors, et outre l'assortiment ordinaire de ciseaux, d'aiguilles, etc., elle y trouva un billet de banque de cinquante livres sterling.

— Qu'est-ce que ce morceau de papier? demanda Jeanie.

Le duc lui en ayant expliqué la valeur, elle lui témoigna son regret de la méprise que la reine avait faite, et voulut remettre au duc le billet pour qu'il trouvât le moyen de le lui rendre.

— Non, non, dit le duc, il n'y a point ici de méprise. La reine sait que votre voyage a dû vous occasioner des frais, et elle a voulu vous en indemniser.

— Elle est cent fois trop bonne, dit Jeanie, le porte-feuille était lui seul un assez beau présent. Voyez donc le nom de la reine Caroline, brodé par-dessus, peut-être de sa propre main, et surmonté d'une couronne! Au surplus, je suis bien aise de pouvoir rendre plus tôt que plus tard l'argent que m'a prêté le laird de Dumbiedikes.

— Dumbiedikes! dit le duc qui connaissait parfaitement Édimbourg et tous ses environs. N'est-ce pas un franc tenancier qui demeure à peu de distance du château de Dalkeith, et qui porte une perruque avec un chapeau galonné?

— Oui, monsieur, répondit Jeanie, qui avait ses raisons pour être laconique sur cet objet.

— Je l'ai vu deux ou trois fois, le brave homme. Il n'est point bavard. Est-ce un de vos cousins, Jeanie?

— Non, monsieur.

— C'est donc un amoureux?

— Monsieur....

— Eh bien?

— Oui, milord, répondit Jeanie en hésitant et en rougissant.

— Si le laird se présente, je crains que mon ami Butler ne coure quelques risques.

— Oh! non! monsieur, répondit Jeanie avec vivacité, en rougissant encore davantage.

— Fort bien, Jeanie, dit le duc, je vois que vous êtes une fille à qui l'on peut confier le soin de ses affaires, et je ne vous ferai pas d'autres questions. Mais, pour en revenir à la grace de votre sœur, je veillerai à ce qu'elle soit promptement expédiée et revêtue de toutes les formalités nécessaires. J'ai un ami dans le cabinet qui me rendra ce service, en considération de notre ancienne connaissance; et comme j'ai besoin d'envoyer en Écosse un exprès qui voyagera plus vite que vous ne pourriez le faire, j'aurai soin de la faire parvenir aux magistrats. En attendant, vous pouvez écrire par la poste à vos amis pour leur faire part du succès que vous avez obtenu.

— Votre Honneur pense-t-il que je ne ferais pas mieux de prendre mes jambes à mon cou et de me mettre en chemin?

— Non, certainement; vous savez que les routes ne sont pas sûres pour une femme qui voyage seule.

Jeanie reconnut intérieurement la vérité de cette observation.

— D'ailleurs, continua le duc, j'ai un autre projet pour vous. D'ici à quelques jours, la duchesse doit envoyer à Inverrary une femme pour prendre soin de la laiterie ; je dois aussi y envoyer votre connaissance, Archibald, pour y conduire une calèche et quatre chevaux que je viens d'acheter. Il y aura place pour vous dans la voiture ; il vous mènera jusqu'à Glascow, et de là prendra les moyens de vous faire arriver sûrement à votre domicile. Chemin faisant, vous donnerez à votre compagne de voyage quelques instructions sur la manière de gouverner une laiterie et de faire le fromage, car je suis sûr que vous y excellez.

— Est-ce que Votre Grace aime le fromage ? demanda Jeanie avec un air de secrète satisfaction.

— Si je l'aime ! répondit le duc, qui prévoyait ce qui allait suivre : du fromage et du pain cuit sous la cendre font un dîner digne d'un empereur.

— Ce n'est pas pour me vanter, dit Jeanie d'un air modeste, et cependant contente d'elle-même, mais bien des gens trouvent que les fromages que je fais sont aussi bons que le véritable Dunlop, et si la Grace de Votre Honneur voulait en accepter un ou deux, j'en serais bien heureuse et bien fière. Mais peut-être préférez-vous les fromages de lait de chèvre de Buckolmside. Je ne puis dire que je les fasse aussi bien ; mais j'ai ma cousine Jeane qui demeure à Lockermagus à qui je puis en parler, et...

— Non, non ! dit le duc ; le fromage de Dunlop est celui que j'aime de prédilection, et vous me ferez le plus grand plaisir de m'en envoyer un à Roseneath quand j'y serai. Je vous en informerai. Mais ayez soin qu'il vous fasse honneur, Jeanie ; je vous préviens que je suis connaisseur.

— Je ne crains rien, dit Jeanie d'un air de confiance. Mais je sais d'ailleurs que Votre Honneur a trop de bonté pour trouver à redire à ce qu'on aurait mis tous ses soins à faire ; et certainement ce n'est pas ce qui manquera de ma part.

Ce discours amena un sujet de conversation sur lequel nos deux voyageurs, quoique si différens par le rang et l'éducation, trouvèrent beaucoup de choses à dire. Le duc, outre ses autres qualités patriotiques, avait des connaissances en agriculture, et s'en faisait honneur. Il fit des observations sur les différentes races de bestiaux d'Écosse, et vit que la jeune fille était en état de lui apprendre encore bien des choses sur cette matière, tant il est vrai que la pratique est toujours au-dessus de la théorie : il en fut si satisfait, qu'il lui promit une couple de vaches du Devonshire pour lui payer cette leçon ; et il goûtait tant de plaisir à causer ainsi des diverses occupations champêtres, qu'il regretta de voir son équipage s'arrêter en face du fiacre dans lequel Archibald était resté à l'attendre. Tandis que le cocher bridait ses haridelles, et ramassait soigneusement un reste de foin poudreux dont il les avait régalées, le duc recommanda à Jeanie d'être discrète avec son hôtesse sur tout ce qui s'était passé.

— Il est inutile de parler d'une affaire, lui dit-il, avant qu'elle soit tout-à-fait terminée. Si la bonne dame vous fait trop de questions, renvoyez-la à Archibald ; c'est son ancienne connaissance, et il sait comment il faut agir avec elle.

Il fit alors cordialement ses adieux à Jeanie, en lui disant de se tenir prête à retourner en Écosse, la semaine d'après. — Il la regarda monter dans le fiacre, et s'éloigna, dans son propre carrosse, en fredonnant une stance de la ballade qu'on lui attribue :

> Dumbarton, quand mes yeux te reverront encore,
> Je veux mettre ma toque et m'avancer joyeux,
> Alors à mon côté sonnera la claymore
> Et les bons gateaux d'orge, au goût si savoureux,
> Me sembleront meilleurs encore.

Il faudrait peut-être être Écossais pour concevoir avec quelle ardeur, malgré toutes les différences de rang et de situation dans le monde, les habitans de ce pays sentent une sorte d'instinct qui les attache naturellement les uns aux autres. Il existe, je crois, une liaison plus étroite entre les hommes d'une contrée inculte et sauvage qu'entre ceux qui habitent un sol fertile et bien cultivé. Leurs ancêtres ont changé moins souvent de résidence ; le souvenir mutuel qu'ils conservent d'anciennes traditions est plus exact ; le riche et le pauvre prennent plus d'intérêt à leur prospérité réciproque, le sentiment de la parenté se continue jusqu'à un degré bien plus éloigné ; en un mot, les liens d'une affection patriotique, toujours honorables, même quand ils sont un peu trop exclusifs, y ont plus d'influence sur le cœur et sur les actions des hommes.

Le fiacre qui cahotait Jeanie sur le pavé de Londres, alors détestable, la déposa enfin, avec Archibald, à l'enseigne du Chardon. Mistress Glass, qui l'attendait depuis long-temps avec impatience, l'accabla à l'instant de questions qui tombaient, l'une après l'autre, avec la rapidité des eaux du Niagara. — Avait-elle vu le duc?... Que Dieu le protège!... La duchesse... Les jeunes demoiselles?... Avait-elle parlé au roi?... Que le ciel le bénisse!... A la reine... Au prince de Galles... A quelqu'un de la famille royale?... Avait-elle obtenu le pardon de sa sœur?... Était-ce une grace entière?... N'était-ce qu'une commutation de peine?... Avait-elle été bien loin?... Où avait-elle été?... Que lui avait-on dit?... Pourquoi avait-elle été si long-temps?...

Telles étaient les questions que la curiosité dictait à mistress Glass, et qui se succédaient avec une telle promptitude, que Jeanie n'aurait pu y répondre quand elle en aurait eu la volonté. Elle se trouva assez embarrassée quand la soif d'interroger de sa bonne hôtesse se fut un peu calmée, et eut fait place au désir d'obtenir une réponse. Mais Archibald, qui avait probablement reçu des instructions de son maître, vint à son secours.

— Mistres Glass, lui dit-il, Sa Grace m'a particulièrement recommandé de vous dire qu'il vous prie de ne faire aucune question à miss Deans sur l'état de ses affaires, attendu qu'il se réserve de vous donner lui-même les renseignemens que vous pouvez desirer à ce sujet, et de vous demander votre avis sur quelques objets qu'elle ne pourrait vous expliquer aussi bien. Il se propose de passer ici incessamment pour cela.

— Sa Grace a bien de la bonté, répondit mistress Glass, dont la curiosité fut arrêtée par la dragée qu'Archibald lui donna si à propos. Sa Grace doit sentir que je suis en quelque façon responsable de la conduite de ma jeune parente, et milord-duc est sans contredit le meilleur juge de ce qu'il doit confier à elle ou à moi de l'affaire dont il s'agit.

— Vous avez certainement raison, mistress Glass, reprit Archibald avec une gravité imperturbable : aussi Sa Grace compte sur votre discrétion, et se flatte que vous ne ferez à miss Deans aucune question sur ses affaires ou celles de sa sœur, jusqu'à nouvel ordre. En attendant, elle m'a chargé de vous dire que tout allait aussi bien que vous pouvez le désirer.

— Sa Grace a bien de la bonté, bien de la bonté, certainement, M. Archibald. J'obéirai aux ordres de Sa Grace, et..... Mais vous avez fait une longue course, M. Archibald, j'en juge par le temps de votre absence; et vous ne vous en trouverez pas plus mal pour accepter un verre de véritable rosolio.

— Je vous remercie, mistress Glass, je suis obligé d'aller rejoindre mon maître sur-le-champ. Et, saluant les deux cousines avec politesse, il prit congé de la maîtresse du Chardon.

— Je suis charmée, Jeanie, dit mistress Glass, que vos affaires soient en si bon train ; au surplus, mon enfant, on ne pouvait en douter du moment que le duc voulait bien s'y intéresser. Je ne vous ferai pas de questions, puisque Sa Grace, qui est la sagesse et la prudence même, se réserve de me dire tout ce que vous savez, et peut-être plus que vous n'en savez. Cependant, si cela pouvait vous faire plaisir de m'instruire sur-le-champ de tout ce qui s'est passé, je n'y vois pas d'inconvénient; car, puisque je dois le savoir, qu'importe que je l'apprenne de vous ou du duc? D'ailleurs, si je sais d'avance ce qu'il doit me dire, j'aurai bien soin qu'il ne s'en aperçoive point, et je pourrai préparer d'avance les avis qu'il veut me demander. Ainsi donc, ma chère, ne vous gênez point : ouvrez-moi votre cœur, si cela vous fait du bien; dites-moi tout ce que vous voudrez : seulement, songez bien que je ne vous fais pas de questions.

Jeanie fut encore embarrassée. La confiance qu'elle pouvait montrer à sa bonne parente était peut-être le seul moyen qu'elle eût de lui prouver sa reconnaissance de la manière amicale dont elle en avait été accueillie. Son bon sens lui fit pourtant sentir que l'entrevue qu'elle avait eue avec la reine Caroline ayant été accompagnée d'un air de mystère, n'était pas un sujet à abandonner au caquet d'une femme comme mistress Glass, qui avait plus de bonté dans le cœur que de prudence dans la tête. Elle lui répondit donc en termes généraux, que le duc avait bien voulu prendre des renseignemens très-détaillés sur l'affaire de sa sœur; qu'il espérait réussir à obtenir sa grace, et qu'il se proposait de dire lui-même à mistress Glass tout ce qu'il en pensait.

Cette réponse ne satisfit qu'à demi la maîtresse du Chardon. Aussi insinuante que curieuse, et en dépit de sa promesse, elle ne put s'empêcher de faire encore quelques questions à Jeanie.

Avait-elle passé tout ce temps chez le duc d'Argyle? Le duc était-il toujours resté avec elle? Avait-elle vu la duchesse et les jeunes demoiselles, et surtout lady Caroline Campbell?

A toutes ces questions Jeanie répondit en général qu'elle connaissait si peu la ville, qu'elle ne pouvait dire exactement où elle avait été, que le duc ne l'avait pas quittée; qu'elle ne croyait pas avoir vu la duchesse; qu'elle n'avait vu que deux dames, dont l'une se nommait Caroline, et que là se bornait tout ce qu'elle pouvait dire à ce sujet.

— C'est bien certainement la fille aînée du duc, lady Caroline Campbell, dit mistress Glass; mais Sa Grace m'en apprendra bien certainement davantage. A propos, il est trois heures; je vous ai attendue une heure pour dîner, et voyant que vous ne veniez pas, j'ai mangé un morceau : il est temps que vous en fassiez autant. Je n'ai pas oublié notre proverbe écossais : — Le ventre affamé n'écoute pas volontiers le ventre plein.

―――――

CHAPITRE XXXIX.

« L'art d'écrire, Abailard, fut sans doute inventé
» Par l'amante captive ou l'amant agité. »

POPE.

A force de faire jouer la plume, Jeanie vint à bout d'écrire, et de mettre à la poste le lendemain jusqu'à trois lettres ; tâche à laquelle elle était si peu accoutumée, que, si elle eût eu du lait à discrétion, elle eût préféré faire trois fois autant de fromages de Dunlop. La première lettre était fort courte ; elle était pour M. Georges Staunton, au rectorat de Willingham, par Grantham, adresse qu'elle avait apprise du paysan bavard qui l'avait conduite à Grantham ? Elle contenait ce qui suit :

« Monsieur,

« Pour prévenir de nouveaux malheurs, et attendu

qu'il y en a déjà eu bien assez, la présente est pour vous faire part que j'ai obtenu la grace de ma sœur, de Sa Majesté la reine. Vous en serez sûrement charmé, et de savoir que je n'ai pas eu besoin de parler des choses que vous savez ! Ainsi, monsieur, je vous souhaite une meilleure santé de corps et d'ame, et que le grand médecin de l'un et de l'autre puisse vous guérir. Cependant, monsieur, je vous prie de ne plus revoir ma sœur, vous ne l'avez que trop vue. Ainsi donc, sans vous vouloir de mal, et en vous souhaitant tout le bien possible, c'est-à-dire que vous rentriez dans la bonne voie, je demeure, monsieur, votre servante, *vous savez qui.* »

La seconde lettre était pour son père, elle était fort longue, et nous n'en donnerons qu'un extrait. Voici comment elle commençait :

« Mon très-cher et très-honoré père,

« Je crois de mon devoir de vous informer qu'il a plu à Dieu de briser la captivité de ma pauvre sœur par les mains de sa respectable Majesté la reine, pour laquelle nous devrons prier tous les jours de notre vie, et qui a peut-être acquitté la rançon de son ame en lui accordant sa grace. J'ai parlé à la reine face à face, et je n'en suis pas morte, car elle ne diffère pas beaucoup des autres femmes, si ce n'est qu'elle a l'air plus imposant, et que ses yeux perçans comme ceux d'un faucon, semblaient vouloir me pénétrer jusqu'au fond de l'ame. Et tout ce bonheur nous est venu, toujours sous la volonté du grand dispensateur, à qui tout le reste ne sert que d'instrument, par les mains du duc d'Argyle, qui a un cœur véritablement écossais, qui n'est pas fier comme certains autres que nous savons, et qui se connaît assez bien en bestiaux. Il m'a promis deux vaches du Devonshire, dont il est comme amoureux, quoique je tienne toujours à la race des vaches blanches de l'Ayrshire. Je dois lui envoyer un fromage, et si notre vache tachetée, Gowans, fait une génisse, il faudra l'élever pour lui, car il n'en a pas de cette race ; et il n'est pas orgueilleux, et il ne dédaignera pas le présent des pauvres qui cherchent à se décharger d'une partie du fardeau de la reconnaissance qu'ils lui doivent. Ce ne sera pas ma faute s'il a jamais mangé un fromage de Dunlop meilleur que celui que je lui enverrai. »

Ici suivaient, sur les bêtes à cornes et sur les travaux de la laiterie, quelques observations que nous nous proposons d'envoyer au comité d'agriculture. Après quoi, elle continuait ainsi :

« Au surplus, tout cela n'est que du regain auprès de la belle moisson dont la Providence nous a gratifiés en nous accordant la vie de la pauvre Effie. Mais, ô mon cher père, puisqu'il a plu à Dieu de se montrer miséricordieux envers elle, accordez-lui aussi votre pardon, cela la rendra propre à devenir un vase de grace, et à être la consolation de vos cheveux blancs.

« Mon cher père, voulez-vous bien faire savoir au laird Dumbiedikes que l'argent qu'il m'a prêté lui sera fidèlement rendu. J'ai plus qu'il ne faut pour m'acquitter. Je vous expliquerai comment. J'en ai une partie en argent ; quant au reste, il ne faut pas de bourse ni de sac pour le garder ; ce n'est qu'un petit chiffon de papier, suivant la mode de ce pays ; mais je suis sûre que cela vaut de l'argent.

« C'est grace à M. Butler que j'ai été si bien reçue par le duc, car il paraît qu'il y a eu des liaisons entre leurs grands-pères, dans le temps des persécutions. Et mistress Glass a été aussi bonne pour moi que si elle eût été ma mère ; elle a ici une belle maison, et y vit fort bien, ayant deux servantes et un garçon de boutique. Elle doit vous envoyer une livre de son meilleur tabac en poudre, et aussi du tabac à fumer. Il faudra que nous songions à lui faire quelque présent, puisqu'elle a eu tant de bonté pour moi.

« Le duc doit envoyer la grace par un exprès, attendu que je ne puis pas voyager si vite, et je reviendrai dans un carrosse avec deux domestiques de Son Honneur. M. Archibald, qui est un homme fort honnête, déja d'un certain âge ; il dit qu'il vous a vu autrefois quand vous achetiez des bestiaux dans l'ouest, du laird d'Aughtermugity ; mais peut-être ne vous en souviendrez-vous pas, quoiqu'il soit fort civil ; et puis mistress Dolly Dutton, qui va être fille de laiterie à Inverrary. Ils me conduiront jusqu'à Glasgow, d'où je n'aurai pas un bien long voyage à faire pour me rendre à Saint-Léonard, ce que je désire par-dessus toutes choses. Puisse celui qui accorde tous les biens vous maintenir en bonne santé, mon cher père, c'est la prière fervente de votre affectionnée fille,   « Jeanie Deans. »

La troisième était pour Butler ; en voici le contenu :

« Monsieur Butler,

« Vous aurez du plaisir à apprendre que le but de mon voyage est rempli, grace à Dieu, et tout pour le mieux, et que le papier où il est question de votre grand-père a été bien reçu du duc d'Argyle, et qu'il a écrit votre nom tout au long sur un petit livre, ce qui me fait croire qu'il a dessein de vous faire avoir une école ou une église, car on dit qu'il n'en manque pas de vacantes.

« J'ai vu la reine, qui m'a donné de sa propre main un porte-feuille brodé; elle n'avait pas sa couronne ni son sceptre : on les conserve pour les grands jours, comme les beaux habits des enfans. On les garde dans une tour qui n'est pas comme la tour de Libberton, ni comme celle de Craigmiliar : elle ressemblerait plutôt au château d'Édimbourg si on l'abattait, et qu'on le reconstruisît au milieu du lac North. La reine a été fort généreuse pour moi : elle m'a donné un morceau de papier qui vaut cinquante livres sterling, pour payer les frais de mon voyage, tant pour venir que pour m'en aller. Ainsi, M. Butler, comme nous sommes les enfans de deux voisins, sans parler de ce dont il a pu être question entre nous, j'espère que vous ne vous laisserez manquer de rien de ce qui peut être utile à votre santé ; car à quoi bon l'un de nous garderait-il de l'argent, tandis que l'autre en aurait besoin. Et songez bien que je ne vous parle pas ainsi pour vous rappeler des choses que vous feriez mieux d'oublier, si vous obteniez une église ou une école. J'aimerais pourtant mieux que ce fût une école, parce que, pour une église, il y a la difficulté du serment, qui pourrait contrarier mon père, le brave homme. A moins que ce fût celle de Shreeghme-Dead, car je lui ai entendu dire qu'on est meilleur presbytérien dans cette paroisse au milieu des bruyères, que dans Canongate d'Édimbourg. — Je voudrais savoir les livres que vous pouvez désirer, M. Butler, car il y a ici des maisons qui en sont pleines. Il y en a tant, qu'on en met jusque dans la rue, et l'on est obligé de faire avancer les toits pour les mettre à l'abri du mauvais temps. A coup sûr, ils doivent être à bon marché. C'est une bien grande ville que Londres, et j'y ai vu tant de choses, que la tête m'en tourne. Vous savez que je n'ai jamais été une femme de plume, et cependant il est près de onze heures du soir. Je reviendrai au pays en bonne compagnie et sans aucun danger. J'en ai couru quelques-uns en venant à Londres, comme je vous le conterai; c'est ce qui fait que je suis plus contente de revenir comme je reviendrai.

« Ma cousine, mistress Glass, a ici une bien belle maison, mais tout y est empoisonné de tabac, et je ne fais qu'éternuer du matin au soir. Mais qu'est-ce que tout cela auprès de la délivrance qu'il a plu à Dieu d'accorder à ma pauvre sœur, ce dont vous vous réjouirez comme notre ancien et sincère ami. Adieu, mon cher M. Butler, je suis votre dévouée servante, pour les choses de ce monde et celles de l'autre.   « J. D. »

Après ces travaux d'un genre auquel elle n'était guère habituée, Jeanie se mit au lit, mais elle ne put dormir une heure de suite. La joie qu'elle éprouvait d'avoir obtenu la grace de sa sœur l'éveillait à chaque instant, et chaque fois qu'elle s'éveillait elle rendait de nouvelles actions de graces à l'être souverain dont elle avait auparavant invoqué la protection et la clémence.

Le lendemain et le jour suivant, mistress Glass ne fit qu'aller et venir dans sa boutique, comme une toupie fouettée par des écoliers, dans l'attente de la visite qu'on lui avait annoncée. Enfin, le troisième jour, un superbe équipage, derrière lequel étaient quatre grands laquais en livrée fond brun à galons d'or, s'arrêta à l'enseigne du Chardon, et le duc d'Argyle lui-même, en habit brodé, portant la jarretière et tous les ordres dont il était décoré, entra dans la boutique.

Il demanda à mistress Glass des nouvelles de sa jeune compatriote. Elle était en ce moment dans sa chambre. La bonne marchande voulait la faire descendre, mais le duc lui dit que cela n'était pas nécessaire, probablement parce qu'il ne voulait pas que sa visite pût donner lieu à des soupçons que la malignité des hommes est toujours trop portée à concevoir. Il dit à mistress Glass que la reine avait pris en considération la situation malheureuse d'Effie Deans; qu'elle avait été touchée de la démarche courageuse que l'affection de Jeanie l'avait déterminée à risquer; qu'elle avait eu la bonté d'employer auprès du roi sa puissante intercession, et que sa demande lui avait été accordée: en conséquence, il venait de faire partir pour Édimbourg la grace d'Effie, à laquelle il n'était attaché d'autre condition que son bannissement d'Écosse pour quatorze ans : l'avocat du roi, ajouta-t-il, avait insisté pour que cette punition lui fût au moins infligée; attendu que depuis sept ans seulement il y avait eu en Écosse vingt-un exemples d'infanticide.

— Le malheureux! s'écria mistress Glass, qu'avait-il besoin de parler ainsi de son pays? et à des Anglais encore! J'avais toujours cru l'avocat général un homme prudent et sage, mais je vois que ce n'est qu'un mauvais garnement; je demande pardon à Votre Grace de me servir d'une telle expression. Et qu'est-ce qu'il veut que la pauvre fille fasse en pays étranger, loin de ses parens, sans amis, sans bons conseils? c'est vouloir la mettre dans le cas de recommencer.

— Il ne faut pas prévoir le mal, dit le duc : elle

peut venir à Londres; elle peut passer en Amérique, et trouver à se marier malgré ce qui est arrivé.

— Votre Grace a raison. Cela est possible, vous me faites songer à mon ancien correspondant en Virginie, Éphraïm Buckskin, qui depuis quarante ans approvisionne *le Chardon*, et ce n'est pas une mauvaise pratique : il y a dix ans qu'il m'écrit de lui envoyer une femme, et un mot de moi arrangerait l'affaire. Il n'a guère plus de soixante ans; il se porte bien, il a une bonne maison. On ne s'inquiéterait guère là-bas du malheur d'Effie, outre qu'il ne serait pas bien nécessaire d'en parler.

— Est-ce une jolie fille? Sa sœur est passable, mais on ne peut la citer comme une beauté.

— Oh! Effie est beaucoup mieux que Jeanie, dit mistress Glass; il y a long-temps que je ne l'ai vue, mais je l'ai entendu dire à tous ceux qui la connaissent, car vous savez qu'il ne vient pas un Écossais à Londres que je ne le voie. Nous autres Écossais nous tenons les uns aux autres.

— Et c'est tant mieux pour nous, dit le duc, et tant pis pour ceux qui nous attaquent, comme l'exprime fort bien la devise de votre enseigne. Maintenant, mistress Glass, j'espère que vous approuverez les mesures que j'ai prises pour le retour de votre cousine chez ses parens. — Il les lui détailla, et la maîtresse du Chardon lui exprima sa reconnaissance pour toutes ses bontés.

— Vous lui direz, ajouta-t-il, de ne pas oublier le fromage qu'elle doit m'envoyer. J'ai donné ordre à Archibald de la défrayer de tout sur la route.

— Je demande pardon à Votre Grace, mais il ne fallait pas vous inquiéter de cela. Les Deans sont à leur aise dans leur état, et Jeanie a la poche suffisamment garnie.

— Cela se peut, mistress Glass, mais vous savez que Mac Callummore paie tout quand il voyage. C'est notre privilège, à nous autres Highlanders, de prendre ce qui nous manque, et de donner ce qui manque aux autres.

— Oui, dit mistress Glass, mais Votre Grace aime mieux donner que prendre.

— Pour vous prouver le contraire, je vais remplir ma boîte de votre tabac, et je ne vous paierai seulement pas un *plack*.

L'ayant ensuite chargée de ses complimens pour Jeanie, il remonta dans son équipage, laissant mistress Glass la plus fière et la plus heureuse de toutes les marchandes de tabac de l'univers.

La bonne humeur et l'affabilité du duc d'Argyle produisirent aussi un effet favorable pour Jeanie. Quoique mistress Glass l'eût reçue avec politesse et bonté, elle était trop au fait des belles manières pour être fort contente de l'air campagnard et du costume provincial de sa cousine ; et, comme sa parente, elle était un peu mortifiée et scandalisée de la cause de son voyage à Londres. Elle aurait donc fort bien pu avoir moins d'attention pour Jeanie, sans l'intérêt que semblait prendre à elle le plus noble des nobles écossais ; car tel était le rang assigné au duc d'Argyle par l'opinion générale. Mais envisagée comme une jeune fille dont le courage et la vertu avaient reçu l'approbation de la royauté même, Jeanie se présentait à ses yeux sous un jour bien plus favorable, et elle la traitait non-seulement avec amitié, mais encore avec une sorte de respect.

Il n'aurait donc tenu qu'a Jeanie d'être présentée à

toutes les connaissances de sa cousine, et de voir tout
ce que Londres offrait de curieux ; mais elle ne s'en souciait point. Elle alla seulement dîner deux fois chez des
parens éloignés : et une fois, à l'instante prière de sa cousine, chez mistress Deputy Dabby, épouse du digne sir
Deputy Dabby, de Farringdon Without. Mistress Dabby
etant, après la reine, la femme du rang le plus élevé
qu'elle eût vue à Londres, elle faisait quelquefois une
comparaison entre elles, disant que mistress Dabby était
deux fois plus grosse, parlait trois fois plus haut et quatre
fois davantage que la reine ; mais qu'elle n'avait pas ce
regard de faucon qui fait baisser les yeux et plier les
genoux, et que, quoiqu'elle lui eût fait présent d'un
pain de sucre et de deux livres de thé, elle n'avait pas
cet air agréable avec lequel la reine lui avait remis le
porte-feuille.

Peut-être Jeanie aurait-elle eu plus de curiosité pour
voir toutes les beautés de la capitale, si la condition du
pardon d'Effie n'avait laissé un fond de chagrin dans
son cœur. Elle en fut pourtant soulagée en partie par
une lettre qu'elle reçut de son père en réponse à celle
qu'elle lui avait écrite. Il lui envoyait sa bénédiction, et
lui disait qu'il approuvait complètement la démarche
qu'elle avait faite; selon lui c'était sans doute une inspi-
ration du ciel, qui avait voulu se servir d'elle comme
d'un instrument pour soutenir une maison près de
s'écrouler.

« Si jamais la vie doit être précieuse, disait-il, c'est
quand on la doit à quelqu'un qui nous est uni par les
liens du sang et de l'affection; mais que votre cœur ne
se chagrine point parce que cette victime, que vous
avez sauvée de l'autel où elle était attachée avec les liens

de la loi humaine, est maintenant forcée de s'éloigner au-delà des frontières de notre pays. L'Écosse est une terre de bénédiction pour ceux qui aiment les règles du christianisme, et c'est une mère-patrie, qui est belle et chère pour ceux qui y ont toujours vécu; et avec raison, ce judicieux chrétien, le digne John Livingstone, marin de Borrowstounness, disait comme le rapporte le fameux Patrice Walker (1) : — qu'il crut que l'Écosse était une Gehenne (2) de méchanceté pendant qu'il y vivait, mais que lorsqu'il en était absent, il la regardait comme un paradis; car le mal de l'Écosse, il le trouvait partout, et le bien de l'Écosse nulle part. — Mais nous devons nous rappeler que, quoique l'Écosse soit notre terre natale et celle de nos pères, elle n'est point comme Goshen en Égypte, et que le soleil des cieux ne brille pas en Écosse seulement pour laisser le reste du monde dans les ténèbres; ainsi donc, comme mon accroissement de fortune à Saint-Léonard peut bien être l'effet d'un souffle venant de la terre glaciale de l'égoïsme terrestre, où jamais plante de la grace ne prit racine, et parce que je sens que je commençais à être trop attaché aux biens de ce monde, je reçois cette condition mise au pardon d'Effie comme un avertissement de Dieu, qui m'ordonne, de même qu'à Abraham, de quitter le pays d'Haram, d'abandonner les parens de mon père, la maison de ma mère, et les cendres de ceux qui se sont endormis avant moi, et auxquelles les miennes devaient se joindre. Je suis encore fortifié dans

---

(1) Dans ces petites biographies pieuses que nous avons indiquées dans les notes du premier volume. — Éd

(2) *Enfer* dans le style biblique. — Éd.

ma résolution de changer de pays, quand je considère combien les cœurs sont devenus tièdes dans cette contrée, et combien les voies de la véritable religion y sont peu fréquentées.

« On m'assure qu'on trouve à louer des fermes à un prix raisonnable dans le Northumberland, et je sais qu'il y a dans ce pays un assez grand nombre d'ames précieuses de notre Église souffrante. C'est donc là que j'ai dessein d'aller m'établir. Il sera facile d'y conduire les bestiaux que je voudrai conserver, et je ferai vendre les autres.

« Le laird s'est montré notre ami dans nos afflictions. Je lui ai rendu l'argent qu'il avait dépensé pour la défense d'Effie; car Nicol Novit ne lui en a rien remis, et le laird et moi nous nous y attendions bien : la loi, comme on dit, a une grande bouche, elle avale tout. J'ai emprunté cette somme dans cinq ou six bourses. M. Saddletree me conseillait d'exiger, par sommation, du laird de Lounsbeck le remboursement de mille marcs qu'il me doit; mais je n'ai pas entendu parler de sommation depuis ce terrible jour où une fanfare de cor, à la Croix d'Édimbourg, enleva de leurs chaires la moitié des fidèles ministres d'Écosse (1). Cependant je ferai dresser une assignation, ce qui a remplacé, dit M. Saddletree, les anciennes sommations; et je ne perdrai pas si je peux l'éviter.

(1) Dans une note du premier volume de *Waverley*, nous avons expliqué ce qu'on entend par *charge of horning*, sommation au son du cor. Un messager d'armes (un huissier) portait la lettre de sommation à celui qu'elle concernait, et, avant de l'arrêter (soit comme débiteur, soit comme condamné pour tout autre délit), il remplissait la formalité de sonner du cor — Ed.

« Quant a la reine et aux bontés qu'elle a eues pour vous, et à la compassion qu'elle a montrée pour la fille d'un pauvre homme, je ne puis que prier pour son bonheur dans ce monde et dans l'autre, et pour le solide etablissement de sa maison sur le trône de ces deux royaumes. Je ne doute pas que vous n'ayez dit à Sa Majesté, que j'étais le même David Deans dont on parla à l'époque de la révolution lorsque je fis entre-choquer les têtes de deux faux prophètes, ces Anti-Gracieuses Graces, les Prélats, que je rencontrai dans High-Street, après leur expulsion de la convention des états. Le duc d'Argyle est un seigneur aussi noble que généreux, qui plaide la cause du pauvre, de l'affligé et du malheureux sans appui. Il en sera récompensé sur la terre et dans le ciel.

« Je vous ai parlé de bien des choses, et je ne vous ai encore rien dit de ce qui me tient le plus au cœur. J'ai vu la brebis égarée. Elle sera mise en liberté demain matin ; je suis caution qu'elle quittera l'Écosse avant un mois. Je ne suis pas satisfait de l'état de son ame : elle semble tourner ses regards vers l'Égypte. Je n'ai pas besoin de vous dire de revenir le plus tôt possible ; car après le Seigneur vous êtes ma seule consolation. Prenez bien garde d'enfoncer vos pieds trop avant dans la vallée de vanité dans laquelle vous vous trouvez ; n'allez pas à l'office qu'on célèbre dans les églises de Londres ; ce n'est qu'une messe mal déguisée, comme le disait Jacques VI, quoique ce prince et son malheureux fils aient voulu ensuite l'introduire dans leurs états, et c'est pour cela que la justice divine a traité leur race comme une écume qui surnage à la surface de l'eau, et qu'elle l'a rendue errante sur la terre. Voyez les prophéties 7, 9, 10 et 17 d'Osée. Nous et les nôtres, répétons avec le même prophète : Retournons au Seigneur, c'est lui qui nous a frappés, c'est lui qui guérira nos blessures. »

Il lui disait ensuite qu'il approuvait la manière dont elle comptait revenir par Glascow ; et, après être entré dans divers détails domestiques que nous ne jugeons pas nécessaire de rapporter, il finissait par une ligne qui ne fut pas celle que Jeanie relut le moins souvent et avec le moins de plaisir. « Reuben Butler a été un fils pour moi dans mon affliction. » Comme David Deans prononçait rarement le nom de Butler sans y joindre quelque sarcasme plus ou moins direct contre ses connaissances mondaines ou contre l'hérésie de son grand-père, elle fut charmée de voir qu'il donnait en ce moment des éloges sans restriction, et elle en conçut un augure favorable.

Quoique l'imagination de Jeanie fût ordinairement fort calme, elle devint en cette circonstance assez vive pour la transporter d'avance en idée dans une jolie ferme du Northumberland, environnée de montagnes et de gras pâturages, et garnie de bestiaux de toute espèce. Elle voyait une assemblée de vrais presbytériens, choisir Butler pour leur guide spirituel. Effie était rendue sinon à la gaieté, au moins à la tranquillité ; elle voyait son père, ses lunettes sur le nez et son livre de prières à la main ; elle-même avait changé le ruban virginal pour le chapeau dont se couvrent les femmes mariées ; elle se figurait être dans l'église, écoutant des paroles d'édification qui faisaient d'autant plus d'impression sur les auditeurs, que celui qui les prononçait leur était alors lié par les nœuds du sang. Ces visions lui devenaient plus chères de jour en jour ; elle attendait avec impatience l'instant où elles pourraient se réaliser ; son séjour à Londres lui devenait insupportable, et elle reçut avec la plus vive satisfaction l'avis que lui fit enfin donner le duc d'Argyle qu'elle devait se préparer à se mettre en route sous deux jours pour le nord.

CHAPITRE XL.

—

« Les crimes, les forfaits étaient sa jouissance,
» Son cœur ne nourrissait que haine que vengeance
» Ses yeux, brillans encor d'un courroux impuissant
» Semblaient sur l'échafaud s'éteindre en menaçant »

CRABBE

Jeanie était depuis trois semaines dans la métropole de l'Angleterre, quand arriva le jour où elle devait en partir.

Elle prit congé de mistress Glass avec la reconnaissance que méritaient les attentions que cette bonne parente avait eues pour elle, et elle monta dans un fiacre avec son bagage devenu plus considérable par quelques présens qu'elle avait reçus, et diverses acquisitions qu'elle avait faites; le fiacre la conduisit chez le duc d'Argyle, où elle se rendit dans l'appartement de la femme de charge, pendant qu'on préparait la voiture dans laquelle elle devait voyager. A peine était-elle entrée, qu'on vint l'avertir que le duc désirait la voir; et, à sa grande surprise, on la conduisit dans un superbe salon, où il était avec son épouse et ses trois filles.

— Je vous présente ma petite concitoyenne, duchesse, dit le duc; si j'étais à la tête d'une armée dont tous les soldats auraient son courage et sa fermeté, je ne craindrais pas de me battre un contre deux.

— Ah! papa! dit une jeune fille aux yeux vifs, qui paraissait avoir environ douze ans, vous étiez pourtant au moins un contre deux à la bataille de Sheriff-Moor, et cependant... elle se mit à chanter la ballade bien connue :

> Nous nous dîmes vainqueurs, ils nous disaient vaincus,
> Et puis d'autres disaient qu'on ne vainquit personne
> Mais n'importe qui fut ou battans ou battus
> Je sais qu'à Sheriff Moor la bataille fut bonne

— Hé quoi! s'écria le duc, ma petite Marie est-elle devenue Tory? voilà une belle nouvelle à envoyer en Écosse par notre jeune compatriote!

— Nous pouvons bien devenir Torys, pour les remerciemens que nous avons gagnés pour être restés Whigs, dit une de ses sœurs.

— Taisez-vous, petits singes mécontens, et allez jouer avec vos poupées. Quant à la ballade de Rob de Dumblane :

> S'ils ne sont pas battus encore,
> Bien battus, bien battus, bien battus,
> Nous saurons bien les battre encore
> Les battre encore, encore, encore

— L'esprit de papa baisse, dit lady Marie; comme

le pauvre homme se répète! N'est-ce pas là ce que vous chantiez sur le champ de bataille, quand on vint vous annoncer que les Highlanders avaient taillé en pièces votre aile gauche?

Le duc ne lui répondit qu'en lui tirant un peu les cheveux.

— Ces braves Highlanders, s'écria-t-il, je les aimerai toujours, malgré le mal qu'ils m'ont fait alors. Mais allons, petites folles, dites donc un mot de politesse à votre compatriote. Je voudrais que vous eussiez la moitié de son bon sens. J'espère que vous aurez son bon cœur et sa loyauté.

La duchesse s'avança alors vers Jeanie, et d'un air aussi bienveillant qu'affable, l'assura de l'estime que lui avaient inspirée la bonté du cœur et la force d'esprit dont elle venait de donner des preuves. — Quand vous serez de retour chez vous, ajouta-t-elle, vous y recevrez de mes nouvelles.

— Et des nôtres aussi, dirent les trois demoiselles, car vous faites honneur au pays que nous aimons tant.

Jeanie resta tout interdite en recevant des complimens auxquels elle s'attendait si peu, car elle était loin de s'imaginer que le duc eût fait part à sa famille du malheur d'Effie, et de ce qu'elle avait fait pour la sauver. Elle ne put y répondre que par sa rougeur, en faisant à droite et à gauche des révérences, et en disant:
— Bien des remerciemens! bien des remerciemens!

— Jeanie, dit le duc, il faut *doch an dorroch* (1), sans quoi vous ne seriez pas en état de voyager.

Il y avait sur un buffet des verres, du vin, et un gâ-

(1) En gaélique, le coup de l'étrier — Éd

teau; il emplit deux verres, en vida un à la santé de tous les vrais amis d'Écosse, et présenta l'autre à Jeanie.

— Je vous remercie, monsieur, lui dit-elle, je n'ai jamais goûté de vin dans toute ma vie.

— Et pourquoi cela, Jeanie? ne savez-vous pas que le vin réjouit le cœur?

— Oui, monsieur, mais mon père est comme Jonabad, fils de Rechab, qui avait enjoint à ses enfans de ne pas boire du vin.

— J'aurais cru à votre père plus de bon sens, mais peut-être préfère-t-il l'eau-de-vie. Au surplus, Jeanie, si vous ne voulez pas boire, il faut que vous mangiez pour sauver l'honneur de ma maison.

Il lui présenta le gâteau, et Jeanie s'apprêtait par obéissance à en casser un petit morceau. — Non, non! lui dit-il, emportez-le tout entier. Vous serez peut-être bien aise de le trouver en route avant de revoir le clocher de Saint-Giles d'Édimbourg. Je voudrais bien le revoir aussitôt que vous. Adieu, bien des amitiés à tous mes bons amis d'Écosse; bon voyage.

Et joignant la franchise d'un soldat à l'affabilité qui lui était naturelle, il serra la main de sa protégée; fit venir Archibald, lui recommanda d'en avoir le plus grand soin, et la vit partir sans inquiétude, bien convaincu que les égards qu'il avait eus pour elle lui assuraient de la part de ses domestiques des attentions soutenues pendant tout son voyage.

Il ne se trompait point, car les deux compagnons de Jeanie eurent pour elle tous les soins imaginables, et son retour en Écosse fut, de toutes manières, beaucoup plus agréable que le voyage qu'elle avait fait pour en venir.

Son cœur n'était plus chargé du poids de la honte, de la crainte et du chagrin qui l'accablaient avant son entrevue avec la reine à Richemont; mais l'esprit humain est si capricieux que, lorsqu'il ne souffre point de véritables malheurs, il s'en crée d'imaginaires. Elle était maintenant surprise et inquiète de n'avoir reçu aucune nouvelle de Butler, quoiqu'il maniât la plume bien plus facilement qu'elle.

— Cela lui aurait coûté si peu! pensa-t-elle; car j'ai vu quelquefois sa plume courir sur le papier aussi vite que lorsqu'elle rasait la surface d'un étang dans l'aile de l'oie sauvage. Serait-il malade? mais mon père m'en aurait dit quelque chose, puisqu'il me parle de lui. Peut-être a-t-il changé d'idées, et ne sait-il comment me le dire. Il ne faut pas tant de façon pour cela, ajoutait-elle, quoique une larme, arrachée par la tendresse et par un sentiment de fierté, brillât alors dans ses yeux. Jeanie Deans n'est pas fille à l'aller tirer par la manche, et à lui rappeler ce qu'il désire oublier. Je n'en ferai pas moins des souhaits pour son bonheur, et s'il est assez heureux pour obtenir une église dans nos environs, je n'en irai pas moins entendre ses sermons, pour lui prouver que je n'ai pas de rancune contre lui.

— A cette réflexion, la larme qu'elle eût voulu retenir s'échappa de ses yeux.

Elle put se livrer sans distraction à ses rêveries mélancoliques, car ses compagnons de voyage, domestiques dans une maison du grand ton, avaient bien des sujets de conversation auxquels elle ne pouvait prendre part, et qui étaient au-dessus de sa portée: elle eut donc tout le temps de réfléchir et de se tourmenter, car on marchait à petites journées pour ne pas fatiguer les jeunes chevaux que le duc envoyait à Inverrary, et ils furent sept jours pour faire le voyage de Londres à Carlisle.

Ils étaient sur le point d'entrer dans cette ancienne cité, quand ils virent un rassemblement considérable sur une hauteur située à peu de distance de la grande route. Des paysans, qui couraient pour se rendre au même endroit, leur apprirent qu'on s'y attroupait ainsi pour voir payer la moitié de ce qui était dû à une voleuse, à une sorcière écossaise; car on allait seulement la pendre sur Haribee-Brow, au lieu que, si on lui avait rendu justice, on l'aurait brûlée toute vive.

— Ah! M. Archibald, dit la future surintendante de la laiterie d'Inverrary, j'ai déjà vu pendre quatre hommes, mais je serais bien curieuse de voir pendre une femme.

M. Archibald était Écossais, et il ne se promettait pas un grand plaisir à voir pendre une de ses concitoyennes, quelque coupable qu'elle pût être. Il avait d'ailleurs du bon sens et de la délicatesse, et connaissait le motif qui avait occasioné le voyage de Jeanie à Londres, quoiqu'il eût la discrétion de n'en point parler, et il sentait parfaitement qu'un tel spectacle ne pouvait que réveiller en elle de fâcheux souvenirs. Il répondit donc sèchement à mistress Dutton qu'il ne pouvait s'arrêter, attendu qu'une affaire qu'il avait pour le duc à Carlisle exigeait qu'il y arrivât de bonne heure, et il ordonna aux postillons de continuer à marcher.

La route passait alors à environ un quart de mille de la hauteur nommée Haribee, ou Haribee-Brow, située sur les bords de l'Eden, et qu'on aperçoit de très-loin, quoiqu'elle ne soit pas fort élevée, parce que cette rivière arrose un pays plat. C'était là que jadis maint Outlaw et maraudeur des frontières de chaque royaume avait figuré suspendu dans les airs pendant les guerres et les trèves, à peu près aussi hostiles, entre ces deux royaumes. C'était sur Harabee que depuis d'autres exécutions avaient eu lieu avec aussi peu de cérémonie et de compassion, car ces provinces frontières furent long-temps agitées; et même, à l'instant où nous écrivons, cette province est encore plus sauvage que celles qui sont situées au centre de l'Angleterre.

Tandis que les postillons continuaient leur route qui tournait autour de cette éminence, les yeux de mistress Dutton étaient sans cesse fixés sur la scène qu'elle aurait bien voulu voir de plus près. Elle pouvait reconnaître distinctement le gibet qui se dessinait sur un ciel bleu, et les ombres du tableau, formées par l'exécuteur et la victime placés sur l'extrémité de l'échelle. Bientôt une de ces deux figures fut comme lancée tout à coup, et s'agita dans une angoisse convulsive, semblable de loin à une araignée retenue par son fil invisible, tandis que l'autre descendait et se cachait derrière la foule (1).

Mistress Dutton ne put retenir un cri en voyant le dénouement de cette scène tragique, et Jeanie, par un mouvement assez naturel, tourna la tête du même côté.

(1) Ce tableau, fait ici *con amore*, est essentiellement anglais. Il est juste de remarquer que nos voisins sont très-familiarisés avec ce genre de spectacle, digne de Petit-André et de Trois-Echelles. Les bords de la Tamise sont littéralement plantés de gibets. — Éd

La vue d'une femme subissant le châtiment terrible auquel sa sœur chérie avait été condamnée si récemment, et auquel elle n'avait échappé que par une faveur signalée de la Providence, fit un tel effet sur elle, qu'elle se rejeta vivement de l'autre côté de la voiture et fut saisie de violentes convulsions. Mistress Dutton l'accabla aussitôt de questions et d'offres de secours, demanda qu'on fît arrêter la voiture, qu'on envoyât chercher un docteur, qu'on lui fît avaler des gouttes cordiales, qu'on brûlât des plumes et de l'assa-fœtida, qu'on apportât de l'eau claire et de la corne de cerf; tandis qu'Archibald, qui connaissait la cause de cet accident, se contenta d'ordonner aux postillons de doubler le pas. Quand on ne put plus apercevoir le lieu où cette tragédie s'était passée, voyant que Jeanie était encore à peu près dans le même état, et que son visage était couvert d'une pâleur mortelle, il fit arrêter la voiture, descendit, et alla chercher lui-même, de toute la pharmacopée de mistress Dutton, le médicament le plus facile à se procurer, et qui était peut-être aussi le plus salutaire, un verre d'eau fraîche.

Tandis qu'Archibald s'éloignait, guidé par son désir de soulager sa compagne, et qu'il maudissait les fossés remplis de bourbe, qu'il rencontrait à chaque pas, et contraste avec les milliers de ruisseaux qui, dans ses montagnes, lui auraient offert sur-le-champ l'onde limpide dont il avait besoin, les témoins de l'exécution commencèrent à passer près de la voiture qui s'était arrêtée sur la grande route, en vue de la ville de Carlisle, et l'on juge bien que cet événement faisait le sujet de leur conversation.

Jeanie, malgré ce qu'elle souffrait, ne pouvait s'empêcher de prêter l'oreille à leurs discours, de même que les enfans écoutent avec avidité un conte de revenans, quoiqu'ils sachent qu'il ne servira qu'à leur inspirer de la terreur quand ils se le rappelleront. Du peu de mots qu'elle entendit, elle conclut que cette malheureuse était morte dans l'endurcissement, sans crainte de Dieu, sans regret de ses crimes.

— Une fière et rude femme! disait un paysan dont les sabots faisaient sur le pavé autant de bruit qu'un cheval bien ferré.

— Elle est allée à son maître avec son nom dans la bouche, dit l'autre; faut-il que le pays soit infecté de sorcières et de chiennes qui viennent de cette Écosse? Moi je dis : Prenez et noyez.

— C'est vrai, voisin Tramp; morte la bête, mort le venin. Qu'on pende toutes les sorcières, et il n'y aura plus tant de désastres dans le pays. Savez-vous que la maladie est dans mes bestiaux depuis deux mois?

— Et mes deux garçons qui sont malades depuis six semaines?

— Taisez-vous, mauvaises langues! dit une vieille femme qui passait près d'eux en boitant tandis qu'ils s'étaient arrêtés pour causer à quelques pas de la voiture ; ce n'était pas une sorcière ; elle a été pendue pour vol et pour meurtre : c'est bien assez, je crois.

— Le croyez-vous, dame Hinchup? dit l'un d'eux en se dérangeant d'un air civil pour la laisser passer. Vous devez le savoir mieux que nous; allons, nous ne vous disputons rien ; mais, dans tous les cas, ce n'est qu'une Écossaise de moins, et il en reste bien encore assez.

La vieille femme continua son chemin sans lui répondre.

— Voyez-vous, Tramp, dit le même interlocuteur quand elle fut assez loin pour ne plus pouvoir l'entendre; — voyez-vous comme une sorcière est toujours prête à en soutenir une autre? Anglaise ou Écossaise, n'importe.

— Quand une sorcière de Sark-foot, dit Tramp en secouant la tête et baissant la voix, monte sur son manche à balai, les femmes d'Allonby sont prêtes à monter sur le leur, comme dit le proverbe des montagnes :

>Si le Skiddaw met un chapeau
>Le Criffel le saura bientôt (1)

—Mais dites donc, continua Gaffer Tramp, ne pensez-vous pas que la fille de cette pendue soit sorcière comme sa mère.

— Cela se pourrait bien; mais on parle là-bas de la baigner dans l'Eden.

Ils se souhaitèrent alors le bonjour, et prirent leur chemin de différens côtés.

Comme ils venaient de partir, Archibald arriva avec un verre d'eau fraîche. Tandis que Jeanie le buvait, une foule d'enfans des deux sexes, appartenant à la populace, et dont quelques-uns touchaient à la jeunesse, arrivaient du lieu de l'exécution, poussant de grands

---

(1) Deux montagnes du Cumberland. Il est difficile que l'une soit chargée de nuages sans que l'autre en ait sa part, ou sans qu'on les aperçoive du sommet de l'autre. On pourrait traduire encore, pour la rime

>Si le Skiddaw met un chapeau,
>Criffel se couvre d'un manteau

cris, et entourant une grande femme singulièrement vêtue, qui bondissait au milieu d'eux sans pouvoir leur échapper. Un souvenir horrible se présenta à l'esprit de Jeanie, à l'instant où elle jeta les yeux sur cette malheureuse créature, et la reconnaissance fut réciproque, car Madge Wildfire ne l'eut pas plus tôt aperçue, qu'employant toutes ses forces et toute son agilité, elle se débarrassa de ceux qui la tourmentaient; et, s'élançant vers la calèche, elle s'accrocha fortement des deux mains à la portière, en s'écriant d'une voix aiguë, et semblable à un rire sardonique : — Hé! Jeanie Deans, savez-vous la nouvelle? ma mère est pendue. Passant alors tout à coup au ton de la douleur et de la prière : — Dites-leur qu'ils me permettent de couper la corde ! s'écria-t-elle ; serait-elle pire que le diable, elle n'en est pas moins ma mère ; — elle ne sera pas plus mal que Maggie Dickson, qui cria plusieurs jours après avoir été pendue; sa voix était rauque et son cou un peu rouge, sans quoi vous ne l'auriez pas distinguée d'une autre femme.

M. Archibald, voyant que cette femme avait évidemment l'esprit aliéné, cherchait dans la foule quelque constable ou quelque bedeau pour le prier de la faire retirer; mais il ne s'en trouvait aucun. Ce fut en vain qu'il essaya de la forcer à lâcher la portière, à laquelle elle se tenait toujours des deux mains ; Madge était douée d'une force peu ordinaire, et il ne put y réussir. Cependant elle continuait à crier : — Qu'on me laisse couper la corde ! Combien vaut-elle ? douze pence ? Qu'est-ce que douze pence auprès de la vie d'une femme? Mais en ce moment arriva une troupe de jeunes gens ; — la plupart étaient des bouchers et des paysans dont les bestiaux souffraient depuis quelque temps d'une épizootie qui régnait dans le pays, et qu'ils attribuaient à la sorcellerie. Ils se jetèrent sur Madge en vrais sauvages, et l'arrachèrent de la voiture en s'écriant : — De quel droit arrêtes-tu les gens sur le grand chemin? N'avez-vous pas déjà fait assez de mal, toi et ta mère, par vos maléfices et vos sortilèges?

— Jeanie, Jeanie Deans, s'écria la pauvre insensée tandis qu'on l'entraînait, sauvez ma mère! sauvez ma mère! et je vous mènerai encore chez l'interprète, je vous apprendrai de jolies chansons, et je vous dirai ce qu'est devenu.....

Les cris que poussait la foule qui l'environnait empêchèrent qu'on pût en entendre davantage.

— Sauvez-la, pour l'amour de Dieu, sauvez-la des mains de ces furieux! dit Jeanie à Archibald.

— Messieurs, dit Archibald, c'est une folle : ne lui faites pas de mal. Vous voyez que c'est une folle. Conduisez-la devant un magistrat.

— Oui, oui, nous aurons soin d'elle, cria une voix dans la foule; passez votre chemin, brave homme, et mêlez-vous de vos affaires.

— N'entendez-vous pas que c'est un Écossais? dit un autre; qu'il descende de sa voiture, et je me charge d'emplir ses habits d'os brisés.

Il était certainement impossible de donner à Madge aucun secours, et Archibald, dont le cœur était plein d'humanité, commanda aux postillons de courir à toute bride à Carlisle, afin de pouvoir informer sur-le-champ les magistrats du danger qu'elle paraissait courir. En s'éloignant, ils entendirent les cris tumultueux de la populace et les accens plaintifs de la malheureuse victime, et ce ne fut qu'en entrant dans Carlisle que ce tumulte cessa d'affliger leurs oreilles.

Archibald fit arrêter la voiture à la première auberge, et, ayant laissé Jeanie et sa compagne dans un appartement qu'il y demanda, il se fit conduire sur-le-champ chez un magistrat pour l'informer des violences qu'on exerçait contre cette infortunée privée de raison, et du danger qu'elle courait.

Il ne revint qu'au bout d'environ deux heures, et apprit à Jeanie que le magistrat, instruit de ce qui se passait, était parti à l'instant avec des aides de police pour porter du secours à la malheureuse Madge; il l'avait accompagné lui-même, et avait trouvé le rassemblement sur le bord d'une mare fangeuse, dans laquelle les plus furieux faisaient faire le plongeon à Madge, ce qui était leur supplice favori. Le magistrat était parvenu à la tirer de leurs mains; mais sans connaissance, par suite des mauvais traitemens qu'elle avait essuyés. On l'avait conduite dans un hôpital, où elle avait recouvré le sentiment, et l'on espérait, dit M. Archibald, que cet événement n'aurait pas de suites fâcheuses.

Cette dernière circonstance n'était pas tout-à-fait conforme à la vérité, car les médecins avaient déclaré qu'ils ne comptaient pas que Madge pût survivre aux mauvais traitemens qu'elle avait éprouvés. Mais Jeanie paraissait prendre un tel intérêt à cette infortunée, qu'Archibald ne crut pas devoir lui faire connaître sa véritable situation. Il la voyait si abattue et si agitée, par suite de cet événement, que, quoiqu'il eût le projet d'aller coucher à Longtown, il jugea convenable de passer la nuit à Carlisle.

Cette décision fut très-agréable à Jeanie, qui résolut de tâcher d'avoir une entrevue avec Madge Wildfire. Rapprochant quelques-uns de ses discours sans suite du récit que lui avait fait Georges Staunton, il lui semblait qu'il était possible de tirer d'elle quelques renseignemens sur le sort du malheureux enfant dont la naissance et la disparition mystérieuse avaient coûté si cher à sa sœur, et elle ne voulut pas en laisser échapper l'occasion. Elle connaissait trop bien la triste situation de l'esprit de la pauvre Madge pour concevoir à ce sujet de bien vives espérances; mais à présent que la vieille Meg n'existait plus, elle ne voyait aucun autre moyen pour arriver à la connaissance de la vérité, et cette vérité lui paraissait trop importante pour négliger la moindre démarche qui pouvait contribuer à la faire découvrir.

Sous prétexte qu'elle avait connu Madge autrefois, et que par humanité elle désirait s'assurer par elle-même qu'il ne lui manquât rien, elle témoigna à M. Archibald qu'elle souhaitait aller la voir à l'hôpital dans lequel on l'avait conduite. Il eut la complaisance de s'y rendre d'abord lui-même pour s'informer si l'on pouvait lui parler; mais le médecin avait rigoureusement défendu que la malade vît personne. Il y retourna le lendemain, et apprit qu'elle avait été fort tranquille pendant quelques heures, et que le ministre qui remplissait les fonctions de chapelain de l'hôpital avait fait auprès d'elle des prières qu'elle avait paru écouter avec attention, mais que son esprit était ensuite retombé dans son délire habituel. Le médecin lui dit qu'elle n'avait plus qu'une heure ou deux à vivre, et qu'en conséquence on pouvait la voir si l'on le désirait, aucune précaucaution, aucun soin ne pouvant maintenant la sauver.

Dès que Jeanie apprit cette nouvelle, elle courut à l'hôpital, accompagnée de M. Archibald. Ils trouvèrent la malade, ou pour mieux dire la mourante, dans une grande salle où étaient rangés dix lits, mais dont le sien etait le seul qui fût occupé. Elle chantait quand ils entrèrent, mais elle n'avait plus cette voix aiguë et perçante qui exprimait naguère son délire : c'était plutôt le ton d'une nourrice qui chante pour endormir son enfant. Le désordre de son imagination était toujours le même, mais les forces de son corps étaient épuisées, et les approches de la mort se reconnaissaient dans ses accens plaintifs. Le couplet qu'elle chantait quand ils arrivèrent faisait partie d'une vieille ballade où des moissonneurs parlent de leurs travaux :

> La nuit va succéder au jour,
> Le repos va suivre l'ouvrage ;
> La moisson nous offre en partage
> Travail et plaisir tour à tour
> La nuit revient quand le jour cesse,
> Le travail cesse avec le jour
> Le foyer, avec allégresse,
> Nous verra rangés tout autour

Elle se tut en ce moment, et Jeanie, s'approchant du lit, appela Madge par son nom; mais Madge ne reconnut point sa voix : — Garde, s'écria-t-elle, garde, tournez-moi la tête du côté du mur, afin que je n'entende plus prononcer ce nom, et que je ne songe plus à un monde méchant.

La garde ayant fait ce qu'elle désirait, elle parut plus tranquille, et se mit à chanter une strophe d'un cantique dont l'air était grave et solennel comme celui d'un hymne méthodiste :

> La foi réunie à la grâce
> A chassé l'incrédulité,
> Et dans mon cœur la charité
> A fait à l'espérance place
> Le banquet est prêt à s'ouvrir,
> On n'attend que moi dans la salle,
> Revêts la robe nuptiale,
> Ame chrétienne, il faut partir

L'air était solennel et touchant, grace surtout à l'accent pathétique d'une voix qui avait été naturellement belle; et si la faiblesse de la malade en diminuait l'éclat, elle ajoutait à sa douceur. Archibald, quoique homme de cour, et insouciant par habitude et par état, fut attendri; la dame de la laiterie sanglota, et Jeanie sentit les larmes remplir abondamment ses yeux. La garde elle-même, à qui toutes les sortes d'agonie étaient familières, ne semblait pas maîtresse de son émotion.

Il était évident que la pauvre Madge s'affaiblissait de plus en plus; sa respiration devenait plus pénible, et ses gémissemens annonçaient que la nature allait succomber dans sa dernière lutte. Mais l'esprit de mélodie, si l'on peut l'appeler ainsi, qui avait dû, dans le principe, posséder si fortement cette infortunée, semblait, à chaque intervalle de souffrance, triompher encore de sa faiblesse et de ses angoisses. Il est remarquable qu'on pouvait reconnaître dans ses chants quelque chose d'approprié indirectement à sa situation présente. Elle avait commencé une ancienne ballade :

> Ma couche est froide et solitaire,
> Je n'ai qu'un pénible sommeil
> Perfide auteur de ma misère,
> Avec moi tu seras au coucher du soleil

Le traître, hélas ! a son amie
Avait pourtant promis sa foi !
Mais demain finira sa vie !
Vous qui m'aimez encor ne pleurez plus sur moi

Tout à coup elle abandonna cet air pour un autre plus bizarre, moins monotone et moins régulier ; mais ceux qui l'écoutaient ne purent recueillir que quelques fragmens des paroles.

Marie est au bocage
Errante au point du jour
Caché sous le feuillage,
L'oiseau chante l'amour

— Rouge gorge fidèle,
Obtiendrai je un époux ?
— Une couche, ma belle,
Se prépare pour vous !

— Où mon lit d'hyménée
Est il, petit oiseau ?
— Ton lit, infortunée,
Ne sera qu'un tombeau !

Du clocher solitaire
Le hibou chantera,
Sous l'if du cimetière
Son cri t'appellera

Sa voix expira avec les dernières notes ; elle tomba dans un sommeil dont la garde, instruite par l'expérience, assura ceux qui étaient là qu'elle ne se réveillerait plus, excepté peut-être dans sa dernière agonie.

Sa première prédiction s'accomplit. La pauvre maniaque quitta la vie sans faire entendre même un soupir ; mais nos voyageurs ne furent pas témoins de cette catastrophe : ils sortirent de l'hôpital aussitôt que Jeanie se fut convaincue qu'elle ne pourrait obtenir de la mourante aucun éclaircissement sur l'infortune de sa sœur.

CHAPITRE XLI.

―――

> Veux tu donc m'accepter pour guide?
> La lune brille, et calme est l'Océan
> » J'en connais le sentier humide
> » Viens avec moi, sois confiant »
>
> SOUTHEY. *Thalala*.

JEANIE, malgré sa constitution robuste, se trouvait si agitée par ces différentes scènes, qu'Archibald jugea convenable de lui faire prendre un jour entier de repos au village de Longtown. Ce fut en vain qu'elle l'assura qu'elle n'en avait pas besoin. L'homme de confiance du duc d'Argyle agissait avec prudence, et comme il avait étudié la médecine dans sa jeunesse (c'était du moins ce qu'il disait) pour avoir, trente ans auparavant, broyé pendant six mois des drogues dans le mortier de M Mangelman, apothicaire de Greenock, il ne cédait pas aisément toutes les fois qu'il s'agissait d'une question qui intéressait la santé.

Dans cette occasion, il avait reconnu des symptômes fébriles dans le pouls, et, ayant expliqué à Jeanie cette phrase scientifique qu'elle ne comprenait point, il lui persuada de se mettre au lit, et lui ordonna l'eau de gruau et la tranquillité.

Mais Archibald ne bornait pas son attention à l'état physique de la malade, ses observations se dirigeaient aussi sur son état moral. Il avait remarqué que l'exécution de la vieille femme et la fin déplorable de sa malheureuse fille avaient fait sur Jeanie une impression trop forte pour qu'on pût ne l'attribuer qu'à des motifs d'humanité. Cependant c'était une jeune fille sensée, d'une force d'esprit peu ordinaire; elle n'avait pas les nerfs délicats et sensibles des belles dames de la ville, et Archibald ignorant qu'il y eût jamais eu aucune relation entre la malade et Madge ou sa mère, si ce n'est qu'elle avait vu autrefois la fille en Écosse, attribua la sensation si vive que ces événemens lui avaient fait éprouver, aux circonstances malheureuses dans lesquelles sa sœur s'était trouvée tout récemment. Il résolut donc de veiller avec soin à ce que rien à l'avenir ne pût lui rappeler ce souvenir douloureux.

Il ne tarda pas à trouver l'occasion d'exercer sa vigilance à cet égard. Dans la journée, il entendit la voix rauque d'un colporteur qui arrivait de Carlisle, crier dans les rues de Longtown : — Relation de l'exécution et des dernières paroles de Meg Murdockson, du meurtre barbare de sa fille Madge Murdockson, dite Wildfire, et de son pieux entretien avec Sa Révérence l'archidiacre Fleming, chapelain de l'hôpital. Comptant que la curiosité publique lui assurerait le débit de cette feuille intéressante, ce colporteur en avait pris un nombre d'exemplaires assez considérable, mais il trouva à s'en débarrasser beaucoup plus tôt qu'il ne l'avait espéré ; car au premier cri qu'Archibald entendit, il le fit appeler, et lui acheta sa collection tout entière pour le prix de quelques shillings, le laissant aussi satisfait de sa spéculation qu'il l'était lui-même de sa prévoyance.

Toute l'emplette était sur le point d'être livrée aux flammes, quand elle en fut préservée par l'intervention de la laitière en chef d'Inverrary. Elle représenta prudemment que c'était dommage de brûler du papier dont on pouvait se servir pour des papillottes et tant d'autres usages ; ayant bien promis d'enfermer soigneusement toute la collection dans sa malle, et de n'en pas laisser tomber un seul fragment sous les yeux de Jeanie, elle obtint d'Archibald toute la liasse. — Au surplus, ajouta-t-elle en mettant ces précieux papiers en lieu de sûreté, je ne sais pas pourquoi mistress Jeanie est si chatouilleuse ; elle a eu assez le temps de songer à la potence pour pouvoir en supporter la vue.

Archibald rappela assez sévèrement à mistress Dutton la recommandation toute particulière faite par le duc leur maître d'avoir pour miss Deans tous les soins et tous les égards possibles, et lui enjoignit que, comme elle devait bientôt s'en séparer, elle eût soin de ne se permettre pendant le reste du voyage aucune observation ni sur sa santé ni sur son caractère ; injonction qui ne satisfit pas beaucoup la bonne dame, mais dont il fallut qu'elle se contentât.

Ils se remirent en route le lendemain matin, traversèrent le comté de Dumfries et une partie de celui de Lanark, et arrivèrent enfin dans la petite ville de Rutherglen, à environ quatre milles de Glascow. Là, un exprès d'Édimbourg, dépêché à Archibald par le principal agent du duc en cette ville, lui apporta de nouveaux ordres de son maître.

Il n'en parla point à Jeanie pendant la soirée, mais le jour suivant, dès qu'ils furent en voiture, le fidèle confident du duc lui dit qu'il venait de recevoir l'ordre de la conduire à quelques milles au-delà de Glascow. Des causes momentanées de mécontentement avaient fait naître quelque agitation dans la ville et dans les environs ; et il en résultait qu'il ne serait pas prudent à miss Deans de faire le voyage de Glascow à Édimbourg seule et sans protection ; au lieu qu'en allant un peu plus loin, il trouverait un des agens de Sa Grace, qui allait avec sa femme du comté d'Argyle à Édimbourg, et avec qui elle pourrait voyager sans crainte et sans dangers.

Jeanie fit des objections à ce nouvel arrangement. Il y avait bien long-temps qu'elle était absente de chez elle ; son père et sa sœur devaient être impatiens de la voir, elle avait d'autres amis qu'elle avait laissés en mauvaise santé ; elle prendrait un cheval et un guide à Glascow ; et qui d'ailleurs voudrait faire du mal à une pauvre créature qui n'en avait jamais fait à personne ? A coup sûr elle était fort obligée de cette offre, mais jamais le cerf altéré n'avait désiré une source d'eau vive aussi ardemment qu'elle souhaitait de se retrouver à Saint-Léonard.

L'intendant de la garde-robe et la souveraine de la basse-cour se jetèrent en ce moment un regard d'intelligence qui éveilla les craintes et les inquiétudes de Jeanie.

— M. Archibald, mistress Dutton, s'écria-t-elle, s'il est arrivé quelque malheur à Saint-Léonard, par compassion, pour l'amour du ciel, ne me tenez pas en suspens !

— Je ne sais véritablement rien de Saint-Léonard, miss Deans, répondit Archibald.

— Et moi je sais.... bien certainement je n'en sais pas davantage, dit mistress Dutton, dont la bouche semblait prête à laisser échapper une communication qu'un regard d'Archibald arrêta au passage ; et elle serra les lèvres l'une contre l'autre, de manière à les fermer hermétiquement, comme si elle eût craint que le secret n'en sortît malgré elle.

Jeanie vit qu'on lui cachait quelque chose, et ce ne fut que d'après les assurances réitérées d'Archibald, qu'il n'avait reçu aucune mauvaise nouvelle de son père, de sa sœur, ni d'aucun de ses amis, qu'elle reprit un peu de tranquillité. Elle ne pouvait appréhender aucun danger de la part de ses compagnons de voyage, qui avaient la confiance de son bienfaiteur ; cependant Archibald la vit si chagrine, que, comme dernière ressource, il lui présenta le billet suivant :

« JEANIE DEANS, —

« Vous me ferez plaisir de consentir à accompagner Archibald à une journée de distance au-delà de Glascow, et de ne lui faire aucune question. Vous obligerez votre ami,

« ARGYLE ET GREENWICH.

Cette épître laconique d'un seigneur à qui elle avait tant et de si grandes obligations, mit fin à toutes les objections de Jeanie; mais, loin de diminuer sa curiosité, elle ne fit que l'augmenter, car il était bien certain qu'il existait un mystère qu'on voulait lui cacher : mais obéissant aux ordres du duc, elle ne se permit aucune question.

On ne semblait plus se diriger vers Glascow; au contraire, on suivait la rive gauche de la Clyde, dont les détours leur offraient mille perspectives pittoresques, et qui ne tarda pas à présenter à leurs yeux le spectacle imposant d'un fleuve navigable.

— Vous n'entrez donc pas dans Glascow? dit Jeanie en voyant les postillons passer à côté du pont qui conduisait à cette ville sans le traverser.

— Non, répondit Archibald : il y règne quelque agitation; et comme on sait que le duc est en opposition avec le gouvernement en ce moment, nous y serions peut-être trop bien accueillis. Peut-être aussi s'aviserait-on de se rappeler que le capitaine de Carrick descendit dans la ville avec les Highlanders à l'époque du tumulte de Shawfield en 1725 (1), et alors nous pourrions y être trop mal reçus. Dans tous les cas, il vaut mieux pour nous, et surtout pour moi, qu'on peut supposer dans la confidence de Sa Grâce, laisser ces bonnes gens agir à leur fantaisie, sans leur donner lieu de songer à nous.

Jeanie ne trouva rien à répliquer à un tel raisonnement. Il lui parut pourtant destiné à lui faire sentir

---

(1) Cette insurrection avait été causée par un impôt sur la drèche, qui mécontenta toute l'Écosse. Les mutins pillèrent la maison de M. Campbell Shawfield, membre du parlement, et repoussèrent les troupes du roi. Le gouvernement fut obligé de faire des concessions, et tout se calma. — ÉD.

toute l'importance d'un personnage tel que M. Archibald, plutôt qu'à lui faire connaître la vérité.

La voiture roulait cependant; la rivière allait toujours s'élargissant, et prenait par degrés la dignité d'un détroit ou bras de mer. On voyait que l'influence du flux et reflux de la mer devenait de plus en plus sensible, et, suivant les belles expressions de celui qui porte la couronne de laurier (1):

>L'onde de plus en plus écarte ses rivages
>
>Le cormoran, posé sur les récifs,
>Ouvre à demi ses noires ailes

— De quel côté se trouve Inverrary? demanda Jeanie en portant ses regards sur ce sombre océan des montagnes d'Écosse, qui, comme entassées les unes sur les autres, et entrecoupées de lacs, s'étendent vers le nord sur le rivage opposé du fleuve ; ce château est-il la demeure du duc ?

— Ce château ? répondit Archibald : non vraiment. C'est l'ancien château de Dumbarton, la place la plus forte de l'Europe, n'importe quelle est la seconde (2).

(1) *A broader and a broader stream*

>*The cormorant stands upon its shoals*
>*His black and dripping wings,*
>*Half opened to the Wind*

Southey, poète lauréat. Ces vers sont extraits du même poème que l'épigraphe du chapitre. — Ed.

(2) Il y a ici un peu d'exagération nationale, cependant on prétend que les Anglais avaient eu l'idée de loger dans le château de Dumbarton le captif de Sainte-Hélène. — Ed.

Le gouvernement en est toujours confié au plus brave Écossais. Sir William Wallace en était gouverneur dans le temps de nos guerres avec l'Angleterre, et Sa Grace le duc d'Argyle en est le gouverneur actuel.

— Et le duc demeure donc sur ce rocher élevé? demanda Jeanie.

— Non, non. Il a un vice-gouverneur qui y commande pour lui, et qui demeure dans cette maison blanche au pied du rocher. Le duc y va quelquefois, mais il n'y fait pas son domicile.

— Je l'espère bien, dit mistress Dutton, sur l'esprit de laquelle la route n'avait pas fait une impression favorable depuis Dumfries : s'il demeurait là, tout duc qu'il est, il pourrait bien siffler afin de faire venir une autre femme que moi pour surveiller sa basse-cour. Je n'ai pas quitté une bonne place et mes amis pour voir des vaches mourir de faim sur des rochers nus et stériles, ou pour être perchée au haut d'un roc, comme un écureuil dans sa cage suspendue à la fenêtre d'un troisième.

Archibald sourit intérieurement de ce que ces symptômes de mauvaise humeur ne s'étaient pas manifestés avant que la belle mécontente se trouvât entièrement sous sa patte, comme il se le disait à lui-même. — Ce n'est pas moi qui ai fait ces montagnes, lui répondit-il avec un grand sang-froid, et je ne vois pas trop comment on pourrait vous en débarrasser : mais, quant à la cage, je vous assure que vous en trouverez une fort agréable à Inverrary, et même dans la charmante île de Roseneath, où nous nous rendons d'abord.

— Dans une île! s'écria Jeanie, qui, dans tous ses voyages, n'avait jamais quitté la terre ferme; est-ce qu'il faudra que j'aille dans une de ces barques que je vois là-bas ; elles semblent si petites, et les vagues si agitées (1) !

— Bien certainement, s'écria mistress Dutton, je n'y entrerai point. Je ne me suis point engagée pour quitter le pays, ni pour faire des voyages par mer. Vous n'avez qu'à dire aux postillons de prendre une autre route, et de nous y conduire par terre.

— Nous allons trouver à deux pas, dit Archibald, une excellente pinasse appartenante à Sa Grace, et vous n'avez aucune crainte à concevoir.

— Mais j'ai des craintes, M. Archibald ; j'en ai de très-grandes, et j'insiste pour que nous allions par terre, dussions-nous faire dix milles de plus.

— Je suis fâché de ne pouvoir vous obliger, mistress Dutton ; mais, comme je vous l'ai dit, Roseneath est une île.

— Et que m'importe ? quand ce seraient dix îles, je vous dis que je veux y aller par terre. Parce que c'est une île, ce n'est pas une raison pour que je me fasse noyer.

— Ce n'est pas une raison pour que vous soyez noyée, répondit le valet de chambre avec le plus grand sang-froid, mais c'en est une excellente pour que vous ne puissiez y aller par terre.

En même temps il fit signe aux postillons de quitter la grande route, et d'avancer vers quelques cabanes de

(1) Roseneath n'est, à proprement parler, qu'une péninsule, mais en forme de parallélogramme, de sept milles de longueur sur deux de large, formée par le Loch-Long, le golfe de la Clyde et le Loch-Gare. Mais on appelle assez volontiers en Écosse du nom d'îles les presqu'îles comme Roseneath. — Éd.

pêcheurs qu'on voyait sur le rivage, où était amarrée une chaloupe mieux décorée qu'aucune qu'ils eussent encore vue, et dont le pavillon déployait une tête de sanglier surmontée d'une couronne ducale. Quelques mariniers montagnards étaient à bord, et semblaient les attendre.

La voiture s'arrêta, les postillons se mirent à dételer les chevaux, et Archibald ordonna aux mariniers de transporter le bagage à bord de la pinasse.

— *La Caroline* est-elle arrivée? demanda-t-il à l'un d'eux.

— Elle est venue de Liverpool en cinq jours, répondit-il, et elle est maintenant à l'ancre à Greenock.

— Eh bien, dit Archibald aux postillons, vous allez conduire les chevaux et la voiture à Greenock, et vous les embarquerez sur *la Caroline* pour le château du duc à Inverrary. Vous logerez chez mon cousin Duncan Archibald. Allons, mesdames, ayez la bonté de descendre; il faut profiter de la marée.

— Miss Deans, dit mistress Dutton, vous êtes bien la maîtresse de faire ce qu'il vous plaira; mais, pour moi, je passerai toute la nuit dans la voiture, plutôt que d'aller dans cette coquille de noix peinte. L'ami! l'ami! que faites-vous là? dit-elle à un Highlander qui se préparait à emporter une petite malle; cette malle est à moi, de même que cette boîte et ce sac de nuit. Je vous défends d'y toucher. Osez y toucher!

Le Celte la regardait fixement. Quand elle eut cessé de parler, il se tourna vers Archibald, et à un signe de celui-ci, il chargea la malle sur son épaule, mit la petite boîte sous son bras, prit le sac de nuit par la corde qui le fermait; et, sans s'embarrasser des cris

8.

de mistress Dutton, partit avec tout son bagage, et le porta tranquillement sur la pinasse.

Tout le bagage étant placé, M. Archibald donna la main à Jeanie pour l'aider à descendre de voiture, et ce ne fut pas sans un léger battement de cœur, qu'elle se vit transporter par deux matelots qui étaient dans l'eau jusqu'à la ceinture, à quelques pas du rivage dont la chaloupe ne pouvait approcher davantage. Quand Archibald la vit à bord, il revint à la voiture pour faire la même politesse à mistres Dutton; mais celle-ci refusa opiniâtrément d'en sortir, menaçant tous ceux qui avaient directement ou indirectement pris part à l'enlèvement de ses effets, d'une poursuite judiciaire en dépens, dommages et intérêts, et comptant sur ses doigts le nombre de robes, autres nippes, etc., dont elle se croyait séparée pour toujours.

Archibald ne se donna pas la peine de lui faire des remontrances; il appela deux de ses Highlanders, et leur ayant dit quelques mots en langue gaélique, les rusés montagnards s'approchèrent tranquillement, sans faire soupçonner leur intention, et saisissant mistress Dutton avant qu'elle eût le temps de leur opposer aucune résistance, ils la tirèrent hors de la voiture, et la chargeant presque horizontalement sur leurs épaules, ils la transportèrent jusqu'à la place et à travers les brisans, pour la déposer dans la chaloupe sans autre inconvénient que d'avoir un peu chiffonné ses vêtemens. La terreur, la surprise et la mortification qu'elle éprouva en se voyant transportée de cette manière si subitement, la privèrent pendant quelques minutes de l'usage de la parole. Cependant les mariniers montèrent à bord; un seul resté sur le rivage pour mettre la barque à flot, s'élança ensuite auprès de ses compagnons, qui déployèrent leur voile, se mirent à ramer, et fendirent gaiement les eaux du golfe.

— Misérable Écossais! s'écria enfin la demoiselle en fureur en s'adressant à Archibald, comment osez-vous traiter ainsi une femme comme moi?

— Madame, répondit Archibald, il est temps que vous sachiez que vous êtes dans le pays du duc, et qu'il n'y a pas un de ces hommes qui ne vous jetât à la mer aussi vite qu'ils vous ont apportée dans cette chaloupe, si c'était le bon plaisir de Sa Grace.

— Que le ciel ait donc pitié de moi, plus que je n'en ai eu moi-même! répliqua-t-elle. Si j'avais su cela, je ne me serais jamais engagée avec vous.

— Il est un peu tard pour y penser, mistress Dutton, dit Archibald; mais vous verrez que nous avons aussi nos plaisirs et nos agrémens dans nos montagnes. Par exemple, vous allez avoir une douzaine de laitières et de filles de basse-cour sous vos ordres : eh bien! vous pourrez leur faire prendre un bain dans le lac quand vous le jugerez convenable, car les principaux domestiques du duc ont sur leurs subordonnés la même autorité que le duc a sur eux-mêmes.

— Cela est bien étrange, M. Archibald; au surplus, je vois bien qu'à présent il faut faire de nécessité vertu. Mais êtes-vous bien sûr que la barque ne chavirera point? Il me semble qu'elle penche bien d'un côté.

— Ne craignez rien, répondit Archibald en prenant une prise de tabac d'un air d'importance. Ce passage nous connaît ou nous le connaissons, ce qui revient au même, et il est sans exemple qu'il y soit jamais arrivé aucun accident à quelque personne employée au service du duc.

— Et vous, miss Deans, dit la vestale laitière à Jeanie, qui, assise près d'Archibald dirigeant le gouvernail, n'était pas très-rassurée ; — n'avez-vous pas peur de ces sauvages dont les jambes sont nues jusqu'aux genoux ? ne craignez-vous pas de vous trouver dans cette coquille de noix qui ressemble à une écumoire dans un seau de lait ?

— Non ! non, madame ! je n'ai pas peur répondit Jeanie en hésitant un peu ; j'ai déjà vu des montagnards, quoique jamais de si près ; et, quant au danger d'être noyée... je n'ai jamais été sur l'eau, mais je sais que la Providence peut nous protéger sur mer comme sur terre.

— Voilà ce que c'est que d'avoir appris à lire et à écrire ! s'écria mistress Dutton. Quoiqu'il puisse arriver, on trouve toujours de belles choses à dire.

Archibald vit avec plaisir l'impression que la mesure vigoureuse qu'il avait prise avait faite sur l'esprit ci-devant intraitable de mistress Dutton, et il chercha alors à conserver par des voies de douceur et de conciliation l'ascendant qu'il avait obtenu par la force. Il lui représenta combien ses craintes étaient déraisonnables ; lui fit sentir qu'après le voyage qu'ils avaient fait, il ne pouvait ni la renvoyer, ni l'abandonner sur le rivage dans une voiture vide : enfin il réussit si bien, qu'une parfaite harmonie était rétablie entre eux avant qu'ils débarquassent à Roseneath.

CHAPITRE XLII.

« Est ce donc le hasard, le destin, la fortune,
» Qui, guidant cet esquif a travers maints dangers,
» A dans un heureux port conduit ces passagers? »

FLETCHER

Les îles qui se trouvent dans le détroit de la Clyde, et où l'on se rend si facilement aujourd'hui par le moyen des bateaux à vapeur, étaient du temps de nos pères des rivages retirés, presque inconnus; un voyageur y descendait rarement. Elles sont toutes d'une beauté ravissante et variée. Arran, pays montagneux, abonde en sites imposans et romantiques. Bute, couvert de bois, présente un caractère plus doux. Les Cumrays, unies et couvertes de verdure, forment un contraste avec ces deux îles, et sont comme les anneaux d'une chaîne qui ferme le bras de mer, quoique séparées les unes des autres par des intervalles considérables. Roseneath, plus petite, est située sur la rive occidentale, près de l'embouchure du lac nommé le Gare-Loch, et non loin du Loch-Long et du Loch-Seant ou Holy-Loch (1), qui vont se perdre dans le golfe que forme la Clyde.

Dans ces îles, les vents glacés du printemps, si contraires à la végétation en Écosse, ne se font comparativement que peu sentir, et, excepté l'île gigantesque d'Arran, elles sont peu exposées aux tempêtes si fréquentes dans la mer Atlantique, parce qu'elles sont protégées à l'occident par les côtes élevées du comté d'Ayr. Le saule pleureur et le bouleau s'y trouvent en abondance, de même qu'un grand nombre d'autres arbres qui ne se plaisent pas autant dans la partie orientale de l'Écosse, et l'air y est assez doux pour qu'on le recommande aux malades attaqués de consomption.

Parmi toutes ces îles, aucune n'offre tant de beautés pittoresques que celle de Roseneath; aussi les comtes et ducs d'Argyle, dès les temps les plus reculés, y avaient fait construire une espèce de rendez-vous de chasse et de pêche, où ils venaient fréquemment faire des parties de plaisir. Ce bâtiment est devenu un palais avec le temps, mais il était encore dans sa simplicité primitive quand la chaloupe que nous avons laissée traversant le détroit approchait du rivage.

Lorsque nos voyageurs arrivèrent au lieu de débarquement, ombragé par de grands chênes et par quelques touffes de noisetiers, ils aperçurent à travers les arbres deux ou trois personnes qui semblaient attendre leur arrivée. Jeanie y fit peu d'attention, et elle éprouva

(1) Lac Saint. — Éd.

une surprise semblable au choc d'une commotion électrique quand, les mariniers l'ayant déposée à terre, elle se trouva dans les bras de son père.

Cet événement était presque incroyable ; il ressemblait trop à un heureux songe pour être long-temps à ses yeux une réalité. Après avoir reçu le premier embrassement de son père, elle recula pour s'assurer que ce n'était pas une illusion. Elle ne pouvait plus en douter; c'était Douce David Deans, c'était son habit des dimanches, bleu de ciel, garni de larges boutons de métal ; c'étaient son gilet et ses culottes de même étoffe, ses guêtres de drap gris, ses boucles de cuivre, sa large toque bleue des Lowlands rejetée en arrière tandis qu'il levait les yeux au ciel dans un transport de reconnaissance silencieuse. Elle reconnaissait ces cheveux blancs qui ombrageaient ses joues basanées, ce front chauve sillonné de rides, cet œil dont l'âge n'avait pas encore diminué la vivacité, ces traits ordinairement graves et sérieux, qui exprimaient en ce moment la joie, la tendresse et la reconnaissance. Cette figure était telle, que si je vois jamais mes amis Wilkie ou Allan, je veux leur emprunter ou leur dérober une esquisse de cette scène.

— Jeanie! s'écria le vieillard, ma chère Jeanie ! ma digne et bonne fille ! Que le Dieu d'Israël soit ton père, car je suis à peine digne de toi ! Tu as racheté notre captivité! tu as rendu l'honneur à notre famille ! Que la bénédiction du ciel se répande sur toi ; mais il t'a déjà bénie en te choisissant pour l'instrument de sa clémence.

Malgré son stoïcisme habituel, ce ne fut pas sans verser quelques larmes qu'il prononça ces paroles. Archibald avait eu l'attention délicate de renvoyer tout le monde, de manière que le père et la fille, dans cette première entrevue, pouvaient se livrer à l'effusion de leurs sentimens sans autres témoins que les arbres du bois et le soleil couchant.

— Et où est Effie, mon père? demanda Jeanie après s'être abandonnée aux premiers transports de la tendresse filiale.

— Vous le saurez, vous le saurez, lui répondit-il; et il commença à rendre de nouvelles actions de graces au ciel pour avoir protégé Jeanie contre les dangers qui pouvaient menacer son corps et son ame dans un pays de schismatiques, d'hérétiques et de lions dévorans.

— Et Effie? répéta une seconde fois sa sœur. Le nom de Butler était sur ses lèvres, mais elle n'osa pas encore le prononcer. Et le laird de Dumbiedikes? et M. et mistress Saddletree? et tous nos amis?

— Dieu soit loué! tous se portent bien.

— Et..., et M. Butler? il était malade quand je suis partie.

— Il est guéri, parfaitement guéri.

— Que le ciel soit béni! Mais, mon cher père, où est Effie? où est donc ma sœur?

— Vous ne la verrez plus, mon enfant, lui répondit son père d'un ton solennel. Vous êtes maintenant la seule branche qui reste sur le vieux tronc.

— Elle est morte! la grace est venue trop tard! s'écria Jeanie en levant les mains au ciel.

— Non, Jeanie, elle vit dans la chair, mais elle est morte à la grace; elle est délivrée des liens de la justice, mais elle est toujours dans ceux de Satan.

— Que le ciel nous protège! s'écria Jeanie; serait-il possible qu'elle vous eût quitté pour suivre ce misérable?

— Cela n'est que trop vrai. Elle a abandonné son

vieux père qui a prié et pleuré pour elle; elle a abandonné sa sœur qui a fait pour elle autant qu'une mère; elle a abandonné les ossemens de sa mère et la terre de son peuple, et elle est partie pendant la nuit avec ce fils de Bélial.

Deans s'arrêta à ces mots, une sensation qui tenait le milieu entre le chagrin et le ressentiment lui coupant la parole.

— Avec cet homme! s'écria Jeanie, avec cet homme coupable! Et c'est pour le suivre qu'elle nous a abandonnés! O Effie! Effie! qui l'aurait pu croire, après la faveur signalée que le ciel vous avait accordée!

— Elle s'est éloignée de nous, reprit Deans, parce qu'elle n'est pas des nôtres. C'est une branche flétrie qui ne rapportera jamais les fruits de la grace; une chèvre d'expiation qui a fui dans le désert, chargée, je l'espère du moins, de tous les péchés de notre petite congrégation. — Qu'elle jouisse de la paix du monde, et puisse-t-elle un jour jouir de celle du ciel! — Si elle est du nombre des élus, son heure viendra. Je ne la maudirai point. — J'invoquerai pour elle au contraire les bénédictions du ciel. Mais, Jeanie, son nom ne doit plus être prononcé entre nous. Je ne veux plus m'en souvenir que dans mes prières. — Elle a disparu à nos yeux telle que le ruisseau desséché par la chaleur de l'été, comme dit le saint homme Job, et il ne faut plus chercher les traces de son passage.

Un silence melancolique succéda à ce discours. Jeanie aurait voulu demander à son père plus de détails sur la fuite d'Effie, mais il lui avait défendu d'un ton trop positif de lui parler d'elle davantage pour qu'elle osât lui désobéir. Elle etait sur le point de lui parler de la conversation qu'elle avait eue avec Staunton au rectorat de Willingham ; mais elle jugea qu'elle ne ferait qu'augmenter encore ses chagrins, et c'était d'ailleurs ramener indirectement l'entretien sur Effie. Elle espéra qu'elle ne tarderait pas à revoir Butler, et qu'elle apprendrait de lui toutes les circonstances du départ de sa sœur.

Mais quand devait-elle revoir Butler ? C'était une question qu'elle n'osait faire à son père, surtout quand, lui montrant le pays qui les entourait, il lui demanda si ce ne serait pas une demeure agréable ? Il lui apprit alors qu'il y avait fixé son domicile, et que le duc d'Argyle lui avait confié la conduite d'une belle ferme, où il devait s'occuper de l'amélioration des terres et des diverses races de bestiaux.

Le cœur de Jeanie se resserra en apprenant cette nouvelle. — Sans doute c'est une belle et bonne terre, dit-elle ; les collines exposées à l'occident sont couvertes d'une belle verdure qui doit faire d'excellens pâturages, car l'herbe paraît encore fraîche en dépit de la sécheresse ; mais il se passera bien du temps avant que je puisse oublier les marguerites et les renoncules jaunes des vertes pelouses de Saint-Léonard Crags.

— N'en parlez plus, Jeanie, s'écria Deans ; je ne veux plus en entendre parler ; c'est-à-dire quand la vente de la ferme sera faite et tous les billets acquittés. Mais j'ai amené ici toutes les bêtes que vous aimiez ; Gowan, votre vache blanche, et la génisse à qui vous aviez donné le nom..., mais je n'ai pas besoin de vous dire quel nom vous lui aviez donné. Je n'ai pu me résoudre à vendre la pauvre bête, quoique sa vue me fende quelquefois le cœur ; mais ce n'est pas sa faute, l'innocente créature ! J'ai séparé encore deux ou trois autres bêtes pour être conduites avant le reste du troupeau, afin qu'on pût dire, comme lorsque le fils de Jessé revint du combat : Voilà les dépouilles de David.

D'autres détails dans lesquels il entra fournirent à Jeanie une nouvelle occasion d'admirer la bienveillance active de son protecteur le duc d'Argyle. Il s'occupait en ce moment d'établir dans l'île de Roseneath une ferme destinée à faire des expériences en économie rurale, et il avait besoin d'un homme entendu pour la diriger. La conversation qu'il avait eue avec Jeanie sur l'agriculture l'avait porté à croire que son père, dont elle avait souvent cité l'expérience et les succès, devait être la personne qui lui convenait.

Cette idée se présenta encore plus fortement que jamais à son esprit, quand la condition attachée à la grace d'Effie lui fit croire que David Deans se déciderait aisément à changer de résidence; et comme il était enthousiaste en bienfaisance comme en agriculture, il crut trouver le moyen de satisfaire en même temps ses deux goûts favoris. Il écrivit donc sur-le-champ à l'agent chargé de ses affaires à Édimbourg de prendre des renseignemens sur David Deans, nourrisseur à Saint-Léonard, et si c'était un homme tel qu'il lui avait été représenté, de lui offrir les conditions les plus avantageuses pour se charger de conduire la ferme qu'il établissait à Roseneath.

Cette proposition fut faite au vieux David le lendemain du jour où la grace de sa fille était arrivée à Édimbourg. Sa résolution de quitter Saint-Léonard était déjà prise. L'honneur d'être choisi par le duc d'Argyle pour diriger un établissement tel que celui dont il s'agissait ne lui permit pas d'hésiter un moment, et la bonne opinion que sa modestie chrétienne ne l'empêchait pas d'avoir de ses talens lui persuada qu'en acceptant ces propositions il reconnaîtrait en quelque sorte les obligations récentes que sa famille avait à ce seigneur. Les offres qu'on lui faisait étaient fort libérales, et indépendamment des appointemens qui lui étaient assurés, on lui laissait la faculté de continuer pour son compte le commerce de bestiaux. Or David vit sur-le-champ que le pays était on ne pouvait pas plus favorable pour cette spéculation. Il y a bien quelques dangers à courir pour les bestiaux de la part des montagnards, pensa-t-il, mais le nom du duc d'Argyle nous servira de protection, et une bagatelle de black-mail (1) achèvera de nous mettre à l'abri de leurs rapines.

Il y avait pourtant deux points qui l'arrêtaient encore. Le premier était un scrupule de conscience. Il craignait que le ministre qui desservait l'église de la paroisse qu'on lui proposait d'habiter ne partageât point sa croyance religieuse, la seule bonne, la seule véritable à son avis ; mais on trouva moyen de lui donner toute satisfaction à cet égard, comme nous le dirons tout à l'heure. Le second obstacle, c'était qu'Effie était obligée de quitter l'Écosse, et qu'il désirait ne pas s'en séparer.

L'agent du duc ne fit que rire de cette dernière crainte, et lui dit qu'il fallait interpréter la loi moins rigoureusement ; qu'il suffirait que sa fille s'absentât d'Écosse pour quelques mois, même pour quelques semaines, et qu'elle pourrait ensuite venir rejoindre son père par mer, en côtoyant les rives occidentales d'An-

(1) Voyez les notes de *Waverley* sur cette contribution payée aux maraudeurs ou aux chefs de clan — Ed.

gleterre; que personne ne serait instruit de son arrivée, au moins personne qui eût la volonté ou le pouvoir de lui nuire, que tous les magistrats qui se trouvaient dans les vastes domaines du duc d'Argyle étaient sous la juridiction de Sa Grace, qui leur donnerait ordre de ne pas inquiéter Effie; que d'ailleurs, se trouvant dans le pays des Highlands, elle pouvait être censée hors de l'Écosse, c'est-à-dire hors du cercle des lois et de la civilisation ordinaire.

Tous ces raisonnemens n'avaient pas entièrement convaincu le vieux Deans, mais Effie ayant disparu la troisième nuit qui suivit son retour chez son père, il conçut un tel dégoût pour Saint-Léonard, qu'il accepta sur-le-champ les offres qui lui étaient faites. Il entra avec plaisir dans le projet qu'avait conçu le duc de surprendre Jeanie, afin de rendre plus frappant pour elle son changement de résidence. Le duc avait informé Archibald de toutes ces circonstances, et lui avait dit d'agir d'après les instructions qu'il recevrait à Rutherglen; c'était là que celui-ci avait appris que Deans était déjà à Roseneath, et qu'il devait y conduire Jeanie.

Le père communiqua toutes ces circonstances à sa fille en se rendant lentement sur un terrain inégal à la Loge (1) qu'on apercevait à travers les arbres à environ un demi-mille de distance de la petite baie où l'on avait débarqué.

Comme ils approchaient de la maison, Deans, faisant une espèce de grimace qui était le seul sourire auquel

---

(1) On appelle *Lodge* (loge, logis) les maisons dépendantes d'un château, une espèce de maison de fermier, surtout quand elle est située près d'un bois. — Éd

ses traits eussent jamais pu se prêter, apprit à sa fille qu'il se trouvait là un gentilhomme respectable et un révérend ministre.

Le gentilhomme respectable était Son Honneur le laird de Knocktarlity, bailli de la seigneurie sous le duc d'Argyle, qui, dit le vieillard, était piqué de la même mouche que la plupart des Highlanders, c'est-à-dire vif, emporté, négligeant les choses qui concernent le salut, pour s'occuper des intérêts terrestres, et ne connaissant pas trop la distinction entre *le mien* et *le tien;* du reste, bon voisin, hospitalier, et avec lequel il serait prudent de vivre en bonne intelligence (car les Highlanders étaient violens, très-violens). Quant au révérend ministre, il était, par la faveur du duc d'Argyle, *candidat* pour l'église de la paroisse. Il employa cette expression parce que pour rien au monde il n'eût prononcé celle de *presentee* (1). — Il est probable, ajouta-t-il, qu'il sera agréable à toutes les ames chrétiennes de la paroisse qui doivent être affamées de la manne spirituelle, n'ayant eu jusque-là que les grossiers alimens que leur donnait M. Duncan Mac-Donought, le dernier ministre, qui commençait l'œuvre de chaque jour, le dimanche comme le lundi, en vidant une pinte d'usquebaugh. Mais je ne vous en dirai pas davantage de ce nouveau ministre, dit-il en faisant une seconde grimace, car je crois que vous le connaissez déjà, et je le vois qui vient au-devant de nous.

Jeanie leva les yeux; ce ministre n'était autre que Reuben Butler lui-même.

(1) Ne reconnaissant pas, même au duc d'Argyle, le droit de *présentation* d'un ministre qui, selon sa croyance, devait être élu par les saints de la congrégation — Éd.

CHAPITRE XLIII.

« Tu ne reverras plus cette sœur si chérie,
» A tes embrassemens le destin l'a ravie »
Élegie sur mistress Anne Killigrew.

Cette seconde surprise, éprouvée par Jeanie, avait été produite par la baguette du même enchanteur bienfaisant, dont le pouvoir avait transporté son père des rochers de Saint-Léonard sur les bords du Gare-Loch. Le duc d'Argyle n'était pas homme à oublier la dette de reconnaissance dont l'acquit lui avait été légué par son aïeul, et il avait résolu de récompenser le service rendu à celui-ci par Bible Butler, en accordant à son petit-fils l'église de Knocktarlity dans le comté de Dumbarton, dont dépendait l'île de Roseneath ; le titulaire venait justement de mourir ; mais comme avant tout il voulait être sûr que Reuben Butler posséderait les talens et les qualités nécessaires pour remplir dignement cette place, il chargea son agent à Edimbourg de prendre des informations sur lui, et elles ne se trouvèrent pas moins satisfaisantes que celles qu'il avait reçues à l'égard de David Deans.

Par cette nomination, le duc d'Argyle rendit à son amie et sa protégée Jeanie un plus grand service qu'il ne le pensait, car il ne se doutait pas que son père pût avoir quelques objections à faire contre le mariage de sa fille avec Butler, et il contribua à les détruire.

Nous avons déjà dit que Deans avait une sorte de préjugé contre Butler, quoiqu'il lui fût sincèrement attaché. Cette prévention venait peut-être, jusqu'à un certain point, de ce qu'il avait à peu près découvert que le pauvre sous-maître d'école osait regarder sa fille aînée avec les yeux de l'affection, et c'était à ceux de Deans un péché de présomption, quoique Butler n'eût jamais eu la hardiesse de lui faire connaître ses sentimens, ni de lui demander ouvertement la main de Jeanie. L'intérêt que Butler lui avait témoigné dans ses malheurs récens, la part qu'il avait prise à son affliction, les marques d'attention qu'il lui avait prodiguées, avaient contribué d'autant plus à diminuer les préventions du vieillard, que, Jeanie étant absente, il ne pouvait attribuer ses assiduités qu'à son respect et à son attachement pour lui-même. Mais tandis qu'il concevait ces bonnes dispositions pour Butler, un autre incident eut encore beaucoup d'influence sur son esprit.

Dès que Deans eut un peu oublié la douleur que lui avait causée la disparition d'Effie, son premier soin fut de se procurer la somme nécessaire pour rendre au laird de Dumbiedikes l'argent qu'il avait déboursé pour le procès, et ce qu'il avait prêté à Jeanie pour son voyage. Mais depuis le départ de celle-ci, le laird, son cheval, sa pipe et son chapeau galonné n'avaient point reparu à Saint-Léonard : il fallut donc que Deans prît le parti de se rendre lui-même au château de Dumbiedikes.

Il y régnait un mouvement extraordinaire. Des ouvriers travaillaient à détacher les anciennes tapisseries pour en substituer de nouvelles ; on peignait les boiseries, on grattait les murs, on réparait les brèches ; enfin la vieille maison n'était plus reconnaissable. Le laird lui-même semblait fort affairé ; il accueillit Deans avec politesse, mais non pas tout-à-fait avec son air de cordialité ordinaire. L'extérieur du maître n'offrait pas moins de changemens que sa maison. Il portait un habit retourné dont la coupe était presque à la mode ; le vieux chapeau avait été repassé, et garni d'un galon neuf ; au lieu d'être rejeté en arrière sur la tête du laird, il était incliné avec intention sur un de ses sourcils.

David Deans lui apprit le motif de son arrivée et lui remit la somme dont il lui était redevable. Le laird la compta avec grande attention, et tandis que Deans lui parlait de la captivité de Judas, il lui demandait s'il ne croyait pas qu'une ou deux guinées étaient un peu rognées. Après les avoir pesées, et s'être tranquillisé l'esprit à ce sujet, il mit l'argent dans sa poche, en donna un reçu à David, et s'informa, avec une sorte d'embarras, s'il avait reçu des nouvelles de Jeanie.

— Sans doute, répondit David, et elle vous remercie de l'argent que vous lui avez prêté.

— Et... et elle ne vous dit pas autre chose pour moi ?

— Non, répondit le vieillard qui crut que le laird, après avoir fait pendant long-temps une cour silencieuse à sa fille, allait enfin s'expliquer. C'était véritablement son intention, mais l'explication ne devait pas être telle que David se l'imaginait.

— Elle doit savoir ce qui lui convient, dit le laird : quant à moi, je me suis défait d'un mauvais attelage; j'ai chassé Jenny Balchristie et sa nièce, et je me marie dimanche prochain.

David fut étourdi de cette nouvelle; mais il était trop fier pour laisser apercevoir qu'elle lui causât une surprise peu agréable.

— Je souhaite que vous soyez heureux, monsieur, grace à celui qui peut seul donner le bonheur. Le mariage est un état honorable.

— Et je prends une femme dans une famille honorable, David. La fille du laird de Lickpelf, qui occupe à l'église le banc à côté du mien.... c'est ce qui m'a fait songer à elle.

Il ne restait plus à Deans qu'à lui souhaiter de nouveau toutes sortes de félicités, et à reprendre le chemin de Saint-Léonard, en réfléchissant sur l'instabilité des projets et des résolutions des hommes. L'espoir que Jeanie serait, un jour ou l'autre, lady Dumbiedikes s'était enraciné, presque à son insu, dans son esprit; il pensait au moins que ce mariage ne dépendait que de sa fille, et que le laird se déclarerait dès qu'elle voudrait lui donner un peu d'encouragement. Maintenant cette espérance était évanouie, et il rentra chez lui dans une disposition d'esprit qui ne lui était pas ordinaire, mécontent de Jeanie, parce qu'elle n'avait pas donné d'encouragement au laird, mécontent du laird, parce qu'il avait eu besoin d'encouragement, et mécontent de lui-même, parce qu'il était mécontent de tout.

A son retour, il trouva une lettre de l'agent du duc d'Argyle, qui l'engageait à passer chez lui le plus tôt possible, et il se rendit sur-le-champ à Édimbourg.

C'était pour avoir sa réponse définitive sur les propositions qui lui avaient été faites. Deans était déjà presque déterminée à les accepter; cependant il fit quelques questions sur les sentimens religieux du ministre chargé du soin des ames dans la paroisse qu'il s'agissait d'aller habiter.

— La place est vacante en ce moment, répondit l'agent du duc; mais Sa Grace la destine à un jeune homme dont on lui a rendu un compte avantageux, nommé Reuben Butler.

— Reuben Butler!.... Quoi! Reuben Butler, sous-maître d'école à Libberton!

— Lui-même; la famille de Sa Grace a quelques obligations à un de ses ancêtres, et, d'après les arrangemens que je suis chargé de faire, peu de ministres auront une place aussi agréable que M. Butler.

— Des obligations!.... Le duc!.... Reuben Butler!.... Reuben Butler ministre d'une église en Écosse! s'écria Deans dans le plus grand étonnement; car le peu de succès de toutes les démarches que Butler avait faites jusqu'alors pour obtenir de l'avancement faisait qu'il le regardait comme un de ces enfans que la fortune traite en marâtre, et qu'elle finit par déshériter tout-à-fait.

L'instant où nous sommes disposés à penser le plus favorablement d'un ami est presque toujours celui où nous le voyons s'élever dans la bonne opinion des autres. Deans, bien assuré du changement total qui allait s'opérer dans la situation de Reuben, en témoigna sa satisfaction, et fit observer que c'était à lui qu'il en était redevable. — C'est moi, dit-il, qui conseillai autrefois à sa grand'mère, bonne femme qui avait une pauvre tête, de le faire entrer dans l'église, et qui lui prédis que, si Dieu bénissait ses efforts, il deviendrait un pilier poli de son temple. Il fait un peu trop de cas des connaissances humaines, mais c'est un brave garçon, qui a de bons principes; et sur dix ministres, tels qu'ils sont aujourd'hui, vous en trouverez neuf qui ne valent pas Reuben Butler.

Il prit congé de l'homme d'affaires du duc, après avoir terminé tous les arrangemens relatifs à la ferme, et retourna chez lui tellement absorbé par ses calculs sur la nouvelle étonnante qu'il venait d'apprendre, qu'il ne songea pas à la fatigue. L'honnête David avait alors à s'occuper d'un travail important, celui de mettre d'accord son intérêt et ses principes, et, de même que tant d'autres quand ils y songent sérieusement, il y réussit assez bien.

Reuben Butler pouvait-il accepter, en toute sûreté de conscience, un grade dans l'église d'Écosse, soumise comme elle l'était, selon David, aux empiétemens érastiens du pouvoir civil? C'était là une grande question qu'il médita avec attention. « L'église d'Écosse était dé-
» pouillée de ses rayons, de son artillerie et des ban-
» nières de sa puissance; mais il lui restait des pasteurs
» zélés, et doués d'une grace féconde, ainsi que des con-
» grégations prudentes, et, avec toutes ses taches et ses
» souillures, on ne pouvait trouver encore sur la terre
» une église égale à celle d'Écosse »

Les doutes de David avaient été trop multipliés et trop

scrupuleux pour lui permettre de s'unir jamais complètement à aucune des sectes dissidentes qui, par divers motifs, s'étaient séparées de l'église nationale. Il s'était même souvent associé à la communion des membres du clergé reconnu, qui se rapprochaient le plus de l'ancien modèle presbytérien et des principes de 1640 (1), et quoiqu'il y eût bien des amendemens à faire à ce système, cependant il se rappelait que lui David Deans, il avait toujours été un humble avocat de la bonne cause, d'une manière légale, et sans jamais se jeter dans les excès, les divisions et les *séparations* de ce qu'on appelait l'extrême droite. Comme ennemi de ces séparations, il pouvait donc mettre sa main dans celle d'un ministre de l'église d'Écosse actuelle; *ergo*, Reuben Butler pouvait prendre possession de la paroisse de Knocktarlity sans perdre son amitié ou sa bienveillance: Q. E. D. (2). Mais secondement, venait l'article épineux

(1) 1640. Depuis la réformation, la lutte entre le presbytérianisme et l'épiscopat se renouvela plus d'une fois Depuis 1592 jusqu'à 1610, le presbytérianisme pur triompha; de 1610 à 1638, ce fut l'épiscopat, de 1638 à 1662, le presbytérianisme, pendant vingt-huit années, depuis 1662 jusqu'a 1690, l'épiscopat domina par les persécutions et la force militaire, enfin depuis 1690 le presbytérianisme est reconnu la religion établie de l'Ecosse, mais soumise au pouvoir civil. — d'où les ultra-presbytériens accusent le clergé d'érastianisme.

L'érastianisme tire son nom d'Erastus, médecin suisse, qui prétendait que l'Église n'avait aucun pouvoir de discipline, c'est-à-dire aucune autorité pour excommunier, censurer, absoudre, etc. Les Érastiens commencèrent à former secte en Angleterre pendant les guerres civiles de 1647. — Éd

(2) Q. E. D. Cette abréviation est empruntée au langage des mathématiciens *Quod Erat Demonstrandum*, « ce qui était à démontrer » — Éd

du patronage laïque, que David Deans avait toujours dénoncé comme « une intrusion par la fenêtre et par-
» dessus les murailles, une tromperie, une manière d'af-
» famer les ames de toute une paroisse, pour vêtir les
» épaules et remplir le ventre du bénéficier. »

Quel que fût le mérite, quel que fût le noble caractère du duc d'Argyle, la présentation faite par ce seigneur était donc « un membre de l'image d'airain, une dé-
» pendance du mal; » et aucune raison ne pouvait engager David et sa conscience à favoriser une telle transaction. Mais si les paroissiens eux-mêmes, d'une voix unanime, réclamaient Reuben Butler pour leur pasteur, était-il juste que cette malheureuse présentation fît refuser à leurs ames les consolations de sa doctrine ? Si le presbytère l'admettait dans l'église, en vertu de l'acte de patronage, plutôt que par égard pour le vœu général de la congrégation, c'était une erreur personnelle et une erreur bien grossière ; mais *si* Reuben Butler acceptait la cure comme lui étant offerte par l'élection de ceux qu'il était appelé à instruire et qui s'étaient montrés avides d'instruction, *si*....... par la vertu toute-puissant de ce SI, David, après avoir bien médité la chose, en vint à être d'opinion qu'il pouvait en toute sûreté approuver cette transaction.

Il restait une troisième pierre d'achoppement, — le serment exigé des ministres reconnus, par lequel ils reconnaissaient un roi et un parlement érastien, approuvaient l'union de l'Angleterre à l'Écosse. Par lequel acte le second royaume était devenu partie intégrante du premier, d'où la prélature, sœur du papisme, était venue asseoir son trône et montrer les cornes de sa mitre. C'étaient là de ces symptômes de défection qui avaient souvent forcé David de s'écrier : « — Mes entrailles ! mes entrailles ! — Je suis souffrant jusque dans le fond de mon cœur ! » Il se souvenait aussi qu'une sainte matrone de Bow-Head avait été enlevée de ce monde dans un évanouissement, dont les cordiaux et les plumes brûlées ne purent la tirer, rien que pour avoir entendu, dans l'église de la Tolbooth, ces paroles terribles prononcées du haut de la chaire par le ministre lisant la proclamation contre les meurtriers de Porteous : — « Il est prescrit par les lords *spirituels* et temporels; » — ces sermens étaient donc une coupable complaisance et une fatale abomination, — un piège du péché, — un danger de défection. — Mais ce *Shiboleth* (1) n'était pas toujours exigé ; les ministres avaient quelquefois des égards pour leurs consciences timorées, et pour celles de leurs frères. Ce ne fut que plus tard que l'assemblée générale et le presbytère tinrent d'une main plus ferme les rênes de l'autorité spirituelle. La conciliante particule vint encore au secours de David. SI un bénéficier n'était pas tenu à ces concessions coupables, *si* Butler pouvait trouver une légitime entrée dans l'Église sans intrusion..... en un mot, David Deans fut d'avis qu'il pouvait légalement jouir du spirituel et du temporel de la cure des ames à Knocktarlity, avec les émolumens, la manse cléricale, la glèbe et autres appartenances.

Les hommes les plus droits et les plus vertueux sont quelquefois placés dans de telles circonstances, qu'il serait un peu rigoureux de chercher trop sévèrement si

(1) Nous avons déjà signalé la signification de ce mot souvent employé dans le sens de *mot d'épreuve*. Voyez les notes de *Waverley*. — Éd

l'amour paternel n'avait pas contribué pour beaucoup à inspirer à Deans tous ces raisonnemens. Réfléchissons sur sa situation. Une de ses filles était perdue pour lui, et la résolution subite que venait de prendre le laird de Dumbiedikes anéantissait l'espérance secrète qu'il avait conçue depuis si long-temps pour son aînée, à qui il était si redevable. A l'instant où ce contretemps vient l'affliger, Butler se présente à son imagination, non plus en pauvre sous-maître en habit râpé; mais comme le ministre bénéficier d'une paroisse nombreuse, chéri de sa congrégation, menant une vie exemplaire, prêchant avec éloquence la saine doctrine, remplissant ses fonctions, comme jamais ministre ne l'avait fait avant lui dans les montagnes d'Écosse, ramenant les pécheurs comme un chien de berger conduit les moutons, favori du duc d'Argyle, et jouissant d'un revenu fixe de huit cents livres d'Écosse, plus quatre charretées de denrees en nature. L'idée de le voir épouser Jeanie faisait plus que balancer le regret qu'il éprouvait de renoncer à entendre nommer sa fille lady Dumbiedikes, car un ministre presbytérien était dans son esprit bien au-dessus d'un laird. Il ne fit pas attention qu'il était probable que ce mariage plairait à sa fille plus que celui qu'il avait eu en vue; l'idée de consulter ses sentimens à ce sujet ne se présenta pas plus à lui que la possibilité qu'elle eût une opinion différente de la sienne.

Le résultat de ces méditations fut qu'il fallait qu'il se chargeât de conduire toute l'affaire, afin de donner, s'il était possible, sans coupable complaisance, sans apostasie, et sans défection d'aucune espèce, un digne pasteur à l'église de Knocktarlity. En conséquence, par l'entremise de l'honnête négociant en lait et beurre, qui demeurait à Libberton, il fit dire à Reuben Butler de venir le voir sur-le-champ : il ne put même s'empêcher de donner cette commission à ce digne messager avec un certain air d'importance ; car celui-ci, en s'en acquittant, dit à Butler que le brave homme de Saint-Léonard avait sûrement quelque grande nouvelle à lui apprendre, attendu qu'il paraissait aussi fier qu'un coq dressé sur ses ergots.

Butler soupçonna le motif de cette invitation, et l'on doit bien croire qu'il se rendit sur-le-champ à Saint-Léonard. Le bon sens, la franchise et la simplicité formaient les élémens de son caractère, mais l'amour en cette occasion y ajouta un peu d'adresse. Il était instruit de la faveur que le duc d'Argyle voulait bien lui accorder, et il en avait reçu l'avis avec des sentimens qui ne peuvent être appréciés que par ceux qui ont passé tout à coup d'un état de dépendance et de pauvreté à un état de liberté et d'aisance. Il résolut cependant de laisser le vieillard s'attribuer le mérite de lui en apprendre la première nouvelle, et surtout de le laisser disserter sur ce sujet aussi longuement qu'il le voudrait, sans l'interrompre ni le contredire. Ce plan, dans sa dernière partie surtout, était le plus prudent qu'il pût adopter, parce que le vieux Deans, dans les articles de controverse, éclaircissait souvent ses doutes en les discutant lui-même, mais ne voulait jamais se laisser convaincre par autrui ; et soutenir une opinion contraire était le plus sûr moyen de l'affermir dans la sienne.

Il reçut Butler avec cet air de gravité importante que des infortunes trop réelles lui avaient fait quitter depuis quelque temps, et qui appartenait au temps où il donnait à la veuve Butler des leçons sur la manière de cultiver la petite ferme de Bersheba. Il lui parla avec détail du projet qu'il avait formé de quitter sa résidence actuelle pour aller conduire une ferme appartenant au duc d'Argyle dans l'île de Roseneath, comté de Dumbarton. Il lui détailla les nombreux avantages qu'il devait y trouver, et assura son auditeur patient que rien n'avait autant contribué à lui faire accepter cette proposition que la conviction que ses connaissances pourraient rendre d'importans services au duc d'Argyle, et qu'il lui prouverait par-là sa reconnaissance de la protection que ce seigneur lui avait accordée, — dans une malheureuse circonstance, ajouta-t-il, et une larme vint obscurcir les yeux du vieillard, qu'animait un sentiment d'orgueil. — En confiant cette place à un grossier Highlander, pouvait-on s'attendre à voir en lui autre chose qu'un chef de parleurs comme le méchant Doeg l'Édomite; tandis qu'aussi long-temps que ces cheveux blancs couvriront ma tête, il n'y aura pas une des vaches de Sa Grace qui ne soit soignée comme si elles étaient toutes les vaches grasses de Pharaon. — Et maintenant, Reuben, continua Deans, — voyant que nous allons porter notre tente dans une terre étrangère, vous jetterez sans doute de notre côté un regard de regret, avant de trouver quelqu'un pour prendre conseil sur votre conduite dans ces temps de faux pas et d'apostasie: sans doute vous vous souviendrez que le vieux David Deans fut l'instrument choisi par Dieu pour vous retirer du bourbier de l'hérésie et du schisme où la maison de votre père aimait à se vautrer. Souvent aussi, sans doute, quand vous serez trop pressé par les épreuves difficiles, les tentations et les faiblesses du cœur, vous qui êtes comme un soldat de recrue marchant pour la première fois au son du tambour, vous regretterez le vétéran hardi et expérimenté qui a bravé l'orage de plus d'un jour de terreur, et qui entendit siffler à ses oreilles autant de balles qu'il lui reste de cheveux sur la tête ! —

Il est très-possible que Butler pensât au fond du cœur que David aurait bien pu s'épargner l'allusion aux principes religieux de son grand'père, et qu'il fût assez présomptueux pour se croire, à son âge et avec ses propres lumières, assez fort pour conduire sa barque sans prendre le bon David pour pilote ; mais il se contenta d'exprimer le regret que quelque événement pût le séparer d'un ami si ancien et si éprouvé.

— Mais comment l'empêcher, jeune homme ! comment empêcher notre séparation ? Vous ne pourriez me le dire. Il faut que vous l'appreniez de quelque autre, du duc d'Argyle ou de moi, Reuben, ajouta-t-il en faisant la grimace qui lui tenait lieu de sourire, c'est une bonne chose que d'avoir des amis dans ce monde, — à plus forte raison dans l'autre.

David dont la piété n'était pas toujours raisonnable, mais sincère et fervente, tourna les yeux vers le ciel avec respect, et garda le silence. M. Butler fit connaître qu'il recevrait avec plaisir l'avis de son ami sur un sujet si important, et David reprit la parole :

— Que pensez-vous maintenant, Reuben, d'une église, — une église régulière sous le gouvernement actuel ? — Si on vous en offrait une, seriez-vous libre de l'accepter, et avec quelles réserves ? Je ne vous le demande que pour vous le demander ?

— Si l'on me faisait une telle proposition, répondit

Reuben, j'examinerais d'abord s'il est vraisemblable que je puisse être utile au troupeau qui me serait confié, car, sous tout autre point de vue, vous devez bien juger qu'elle ne pourrait que m'être très-avantageuse.

— Bien répondu, Reuben, très-bien répondu : votre conscience doit être satisfaite avant tout ; car comment enseignerait-il les autres, celui qui aurait si mal appris les saintes Écritures, que par l'amour du lucre et d'un avancement terrestre, c'est-à-dire d'une manse, des émolumens et des rétributions en nature, il se laisserait aller à accepter ce qui ne lui appartiendrait pas dans le sens spirituel, — ou qui ferait de son Église un cheval de relai pour arriver à son salaire ? Mais j'attends de vous quelque chose de mieux, et surtout souvenez-vous de ne pas vous en rapporter à votre seul jugement, ce qui est une source de tristes erreurs d'apostasie et de défections à droite comme à gauche. Si une semblable épreuve vous était imposée, ô Reuben, vous qui êtes jeune, quoique doué des langues charnelles, comme celle qu'on parle à Rome, ville aujourd'hui le siège de l'abomination, et celle des Grecs à qui l'Évangile semblait une folie,—ceux qui vous veulent du bien peuvent vous exhorter à prendre conseil de ces chrétiens prudens, résolus et aguerris, qui ont su ce que c'était que de se cacher dans des fondrières, des marais et des cavernes, ou de risquer de perdre la tête pour conserver l'intégrité du cœur.

Butler répondit, que certainement, puisqu'il avait un ami, et il l'espérait avoir dans David Deans lui-même, qui avait vu toutes les vicissitudes du siècle précédent, il serait bien coupable de ne pas profiter de son expérience et de ses bons conseils.

—Assez,—assez, Reuben, reprit David Deans triomphant au fond du cœur : si vous étiez dans la position dont je parlais, certes je croirais de mon devoir de pénétrer jusqu'à la racine de la chose, et de vous dévoiler les apostumes et les ulcères, les plaies et la lèpre du temps où nous vivons, je le ferais à haute voix et sans rien taire.

David Deans était dans son élément. Il commença son examen des doctrines et des croyances de l'église chrétienne depuis les Culdes (1) eux-mêmes; passa de là à John Knox, de John Knox aux sectaires récusans du temps de Jacques VI, — Bruce, Black Blair, Livingstone, — et de là aux courtes et enfin victorieuses époques de la splendeur du presbytérianisme, jusqu'à son oppression par les Indépendans anglais. Vinrent ensuite les temps lugubres de la prélature, des indulgences au

(1) *Cuil* en gaélique signifie caverne, et *cuil-deach* cénobite, homme solitaire. On appelle Culdes ou Kouldes un corps de prêtres ou de moines catéchisant, qui, vers le sixième siècle, s'étaient établis en Irlande, dans les Hébrides, en Écosse et dans le pays de Galles · ils étaient célèbres par leur piété, ne reconnaissaient point d'évêques, et restaient soumis à un abbé élu par eux-mêmes Plus tard, ces moines reconnurent cependant des évêques, et leurs traditions se corrompirent comme leurs mœurs Jaloux des richesses de leurs monastères, ils voulurent, en vrais propriétaires, les transmettre à des enfans, et se marièrent dans cette intention. Aussi les presbytériens comme les episcopaux faisaient-ils également remonter jusqu'aux Culdes le type de leur congrégation Nous sommes portés à croire que les premiers Culdes furent les disciples de saint Columba, qui peupla de ses néophytes Icolmkill et les autres Hébrides. Voyez sur les établissemens d'Iona la *Légende de saint Oran* (Paris, 1825, un vol in-12), ouvrage d'invention sans doute, mais dont l'auteur a consulté les traditions locales sur Columba et ses disciples — Éd

nombre de sept, avec leurs obscurités et leur vrai sens, jusqu'à ce que Deans arrivât au règne du roi Jacques, dans lequel il avait été lui-même, croyait-il, un acteur et un martyr nullement inconnu : alors Butler fut condamné à entendre l'édition la plus détaillée et la plus longuement commentée de ce qu'il avait tant de fois entendu auparavant,—savoir : l'histoire de la réclusion de David Deans dans la Tolbooth de Canongate, et la cause d'icelle, etc.

Nous serions injustes envers notre ami David, si nous omettions un récit qu'il regardait comme essentiel à sa gloire. Un soldat des gardes du roi, nommé Francis Gordon, avait pourchassé étant ivre, six ou sept whigs persécutés parmi lesquels était notre ami David, et après les avoir forcés de s'arrêter il allait se prendre de paroles avec eux, lorsqu'il y en eut un qui fit feu sur lui avec un pistolet et l'étendit mort. David avait coutume de rire en hochant la tête lorsqu'on lui demandait si c'était *lui* qui avait été l'instrument dont le ciel s'était servi pour enlever ce perfide persécuteur de la face de la terre. En effet, le mérite de cet acte était douteux entre lui et son ami Patrick Walker le colporteur, dont il aimait tant à citer les ouvrages. Ni l'un ni l'autre ne se souciait de réclamer directement le mérite d'avoir réduit au silence M. Francis Gordon, parce qu'il y avait non loin d'Édimbourg quelques cousins du garde-du-corps qui auraient pu avoir conservé encore le désir de la vengeance; mais aucun d'eux ne voulait désavouer ou céder à l'autre l'honneur de cette défense énergique de leur culte. David disait que « s'il avait tiré un coup de pistolet ce jour-là, c'était la première et la dernière fois de sa vie; » et quant à M. Patrick Walker, il nous a dit dans un de ses livres, « que sa grande surprise fut de voir un si petit pistolet tuer un homme si grand. » Tels sont les termes de ce vénérable biographe, dont le métier n'avait pu lui apprendre par expérience, « qu'un pouce vaut une aune (1) : » — « Il (Francis Gordon) » attrapa dans la tête une balle sortie d'un pistolet de » poche plutôt fait pour amuser un enfant que pour » tuer un homme si furieux et si fort, et qui cependant » le tua raide (2). »

S'appuyant sur la base étendue que lui offrait l'histoire de l'Eglise pendant son court triomphe et ses longues tribulations, David aurait étourdi tout autre homme que l'amant de sa fille, lorsque, infatigable dans ses discours, il se mit à exposer ses propres règles pour guider la conscience de son ami, considéré comme aspirant au ministère. Là-dessus le brave homme trouva, en vrai casuiste, une telle variété de problèmes délicats, il supposa tant de cas extrêmes, fit des distinctions si critiques et si pointilleuses entre la droite et la gauche, entre la condescendance et la défection, — les pas rétrogrades et les déviations, — les faux pas et les chutes, — les pièges et les erreurs ; — qu'enfin, après avoir borné le chemin de la vérité à la ligne mathématique, il fut conduit à admettre que la conscience de chacun, après avoir apprécié les écueils de sa navigation, devait être sa meilleure boussole. Il cita les exemples et les argumens pour et contre l'acceptation d'une Église sur le modèle de la revolution actuelle, avec plus d'im-

---

(1) C'est-à-dire qu'on parvient à mesurer avec un pouce comme avec une aune. Expression proverbiale. — Éd.

(2) Citation de Patrick Walker — Éd

partialité pour Butler qu'il n'avait pu le déduire pour lui-même ; puis il conclut qu'il devait méditer les choses et en croire la voix de sa conscience, pour savoir s'il pouvait se charger d'une fonction aussi redoutable que celle de la charge des ames, sans faire tort à sa conviction intérieure sur ce qui était mal ou bien.

Quand David eut terminé sa longue harangue, interrompue seulement par quelques monosyllabes de la part de Butler, l'orateur lui-même fut grandement étonné de trouver que la conclusion à laquelle il désirait naturellement arriver semblait bien moins facile à être obtenue que lorsqu'il avait discuté la question dans son esprit.

Dans cette occasion, David, par le contraste de sa pensée et de ses paroles, ne fit que donner une nouvelle preuve de ce qu'on a dit souvent de l'excellence d'une discussion publique; car sous l'influence de l'esprit de parti, il est certain que la plupart des hommes sont plus facilement convaincus dans le secret de leur cœur sur l'opportunité d'une mesure, que lorsque, obligés d'en vanter le mérite à un tiers parti, la nécessité de paraître impartial leur fait donner aux argumens contraires plus de latitude qu'ils ne leur en accordaient tacitement. Ayant ainsi dit tout ce qu'il avait à dire, David se crut obligé d'être plus explicite et de déclarer que ce n'était pas un cas hypothétique dont il s'agissait; mais une question sur laquelle (grace à son influence et à celle du duc d'Argyle), Reuben Butler serait bientôt appelé à décider.

Ce ne fut même pas sans un sentiment d'inquiétude que Deans entendit Reuben lui répondre, qu'il prendrait la nuit pour y réfléchir, et qu'il lui donnerait sa réponse le lendemain matin. L'amour paternel était ce qui dominait en ce moment dans le cœur du vieillard. Il insista pour qu'il passât la soirée avec lui. Il alla même (chose rare!) chercher dans son cellier deux bouteilles de vieille ale. Il parla de sa fille, de son affection, de ses bonnes qualités, de son économie, enfin il amena Butler à lui faire l'aveu de son amour pour elle, et le mariage fut décidé avant que la nuit arrivât.

Ils auraient regardé comme peu délicat d'abréger le terme que Reuben avait demandé pour délibérer sur ce qu'il devait faire, mais il parut suffisamment convenu entre eux qu'il deviendrait très-probablement ministre de Knocktarlity, pourvu que la congrégation fût aussi portée à l'agréer que le duc à le présenter. Quant au Shihboleth, ils arrêtèrent qu'il serait temps de le discuter quand on le lui demanderait.

Plus d'un arrangement fut adopté ce soir-là, et convenu ensuite dans une correspondance avec l'homme d'affaires (1) du duc d'Argyle, qui confia à Deans et à Butler les intentions bienveillantes de Sa Grace. Le duc désirait qu'ils allassent tous attendre Jeanie revenant d'Angleterre à la Loge-de-Chasse de Roseneath.

Ce coup d'œil en arrière, si intéressant pour les paisibles amours de Jeanie Deans et de Butler, explique le récit précédent jusqu'à l'époque où nous avons abordé à l'île de Roseneath.

(1) *Man of business*. Ce sont les procureurs (*writers to the signet*) qui sont les agens des seigneurs d'Écosse. — Éd.

CHAPITRE XLIV.

> « Toi que je puis nommer par les noms les plus doux
> Qu'aux mortels fortunés ait permis la nature,
> » Ma femme, reconnais la voix de ton époux
> » Maisons, amis, parens, quitte tout sans murmure,
> » Ma maison, mes amis, mes parens sont les tiens
>
> Logan

La réunion de Jeanie et de Butler, dans les circonstances qui promettaient de couronner l'union de deux cœurs attachés l'un à l'autre depuis si long-temps, fut plus remarquable par la sincérité de leur affection que par la véhémence de leurs transports. David Deans, dont la théorie n'était pas toujours d'accord avec la pratique, les inquiéta d'abord en leur citant les opinions de plusieurs célèbres prédicateurs presbytériens, qui avaient soutenu que le mariage, quoique déclaré honorable par les lois de l'Écriture, était témérairement envié par les chrétiens, et surtout par les jeunes ministres, dont quelquefois le désir désordonné de paroisses, d'émolumens et de femmes, avait occasioné mainte complaisance coupable pour la défection générale du temps. Il leur dit aussi qu'un mariage trop précipité avait eté la perte de plus d'un sage professeur de la foi ; que la femme incrédule n'avait que trop souvent justifié la prédiction des livres saints en pervertissant l'époux ; croyant enfin que, lorsque le fameux Donald Cargill, alors caché à Lee-Wood dans le comté de Lanark, à une époque de mort pour les fidèles, avait marié, pour ceder à ses importunités, Robert Marshall de Starry Shaw, il s'était exprimé en ces termes : — Qui a engagé Robert à épouser cette femme ? elle a fait triompher sa pensée coupable sur sa volonté pieuse ; — il ne suivra pas long-temps le droit chemin ; — ses jours de prospérité sont finis. — Je fus témoin moi-même du triste accomplissement de cette prophétie, ajouta David, car Robert Marshall s'étant laissé aller à de fatales complaisances pour l'Ennemi, revint chez lui, entendit les prêtres intrus, fit d'autres démarches de défection, et perdit la bonne estime qu'on avait de lui.

— En effet, observait David, les grands soutiens de l'étendard de la foi, Cargill, Peden, Cameron et Renwick, avaient moins de plaisir à bénir les nœuds du mariage qu'à remplir les autres fonctions de leur ministère ; et, quoiqu'ils s'abstinssent de dissuader les autres ou de leur refuser leurs fonctions, ils considéraient ceux qui les appelaient pour cette solennité comme des indifférens aux tristes épreuves du temps. Mais, tout en maintenant que le mariage était pour plusieurs un piège, David était d'avis (comme il l'avait prouvé par son exemple) qu'il était en lui-même honorable, surtout dans une époque où les honnêtes gens pouvaient être à l'abri d'être fusillés, pendus ou bannis, et avaient de quoi vivre pour eux et pour ceux qui pouvaient venir après eux. — Ainsi donc (car il lui arrivait de conclure quelquefois brusquement), ainsi donc, dit-il à Reuben et à Jeanie qui l'avaient écouté en rougissant declamer pour et contre le mariage, — je vous laisse à vos tendres causeries.

Les deux amans eurent ensuite une longue conversation dont le sujet n'est pas difficile à deviner; mais, comme l'intérêt ne serait peut-être point partagé par nos lecteurs, nous ne leur ferons part que des détails que Butler communiqua à Jeanie sur la fuite de sa sœur, détails qu'elle n'avait osé demander à son père.

Effie, après être sortie de prison, en conséquence de la grace qui lui avait été accordée, était retournée à Saint-Léonard. Avant sa mise en liberté, Deans avait eu avec sa fille pécheresse plusieurs entrevues très-touchantes; mais Butler ne put s'empêcher de déclarer que, lorsque le vieillard n'eut plus à craindre de la perdre d'une manière si terrible, et qu'elle fut rentrée sous le toit paternel, il avait soumis sa conduite à des restrictions assez sévères pour exaspérer un esprit naturellement indocile, et devenu plus irritable encore par le sentiment de ses torts.

La troisième nuit qui suivit son retour à Saint-Léonard, elle disparut sans que personne sût la route qu'elle avait prise. Butler parvint pourtant à découvrir ses traces, et les suivit jusqu'à une petite baie où un ruisseau porte ses eaux à la mer entre Musselburgh et Édimbourg On y a construit depuis ce temps un petit port auquel on a donné le nom de Porto-Bello, et l'on a bâti à l'entour de jolies maisons de campagne. Mais, à cette époque, c'était un terrain inculte où l'on ne voyait que des genêts sauvages, et qui n'était fréquenté que par quelques contrebandiers. Un lougre avait paru dans la rade le jour de la disparition d'Effie, et Butler apprit d'un paysan qu'un canot s'était approché du rivage pendant la nuit, et avait reçu une femme à bord. Comme le lougre était connu pour faire la contrebande, et qu'il avait repris le large sans débarquer aucunes marchandises, Butler ne put douter qu'il ne fût monté par des complices de Robertson, venus dans le Frith uniquement pour favoriser la fuite d'Effie.

Cette présomption devint une certitude le lendemain, car Butler reçut par la poste une lettre signée E. D., mais qui n'indiquait ni le jour où elle avait été écrite, ni le lieu d'où elle était partie. Dans cette lettre, comme dans tout ce que faisait et disait cette malheureuse fille, il y avait de quoi louer et de quoi blâmer. Elle y disait qu'elle ne pouvait supporter l'idée que son père et sa sœur dussent se bannir pour elle et partager sa honte. Que, si son fardeau était pesant, elle se l'était imposé elle-même, et devait le supporter seule; qu'elle ne pouvait plus ni leur apporter de consolation, ni en recevoir d'eux, puisque chaque mot, chaque regard de son père, lui rappelait sa faute, et semblait devoir lui faire perdre l'esprit; qu'elle l'avait presque perdu pendant les trois jours qu'elle avait passés à Saint-Léonard; que son père avait sans doute de bonnes intentions à son égard, mais qu'il ne savait pas les angoisses terribles qu'il lui causait en lui reprochant sans cesse ses fautes; que, si Jeanie avait été à la maison, les choses auraient probablement été toutes différentes; que Jeanie était comme les anges du ciel qui pleurent les fautes du pécheur, mais qui ne les comptent point; qu'elle ne la reverrait plus, et que cette pensée lui causait plus d'affliction que tout ce qui lui était arrivé par le passé et tout ce qui pourrait lui arriver à l'avenir; qu'elle prierait nuit et jour pour Jeanie, tant à cause de ce qu'elle avait fait, qu'à cause de ce qu'elle n'avait pas voulu faire pour elle; qu'elle priait son père de donner à sa sœur tout ce qui pouvait lui revenir du chef de sa mère; qu'elle avait fait un acte qui lui laissait le droit de le recevoir, et qui était entre les mains de M. Novit; quant à elle, que les biens du monde devaient être désormais les moindres de ses soucis, et qu'elle ne serait pas dominée par eux : elle espérait que la cession qu'elle faisait à sa sœur pourrait faciliter son établissement; et, immédiatement après cette expression, elle ajoutait qu'elle souhaitait toute sorte de bonheur à M. Butler en retour des bontés qu'il avait eues pour elle; que, quant à elle, elle savait que sa destinée ne pouvait être heureuse, mais que c'était sa propre faute, et qu'elle ne demandait pas qu'on la plaignît. Que cependant elle voulait apprendre à leurs amis, pour leur satisfaction, qu'ils n'auraient pas à rougir d'elle à l'avenir; que celui qui lui avait fait le plus de tort était disposé à lui faire la seule réparation qui était en son pouvoir; et qu'en conséquence elle serait, sous certains rapports, plus heureuse qu'elle ne le méritait; mais qu'elle priait sa famille de se contenter de cette assurance, et de ne faire aucunes démarches pour savoir ce qu'elle serait devenue.

Cette lettre n'apporta pas une grande consolation a

David Deans ni à Butler ; car que pouvait-on espérer d'une malheureuse fille qui allait unir sa destinée à celle d'un homme comme Robertson. Pouvait-on interpréter autrement la dernière phrase de sa lettre? N'était-il pas vraisemblable qu'elle deviendrait la complice et la victime de tous ses crimes? Jeanie, qui connaissait le rang et le nom de celui qu'on lui désignait sous le nom de Robertson, n'était pas sans une lueur d'espérance : elle augurait bien de la promptitude avec laquelle il était venu réclamer celle qu'il regardait comme son épouse, et elle se flattait qu'elle en avait déjà le titre. Si cela était, il ne lui paraissait pas probable qu'avec la fortune qu'il devait posséder un jour, et appartenant à une famille respectable, il reprît le cours de sa vie criminelle; il devait sentir d'ailleurs qu'il y allait de sa vie qu'on ne pût jamais reconnaître l'audacieux, le coupable Robertson, dans l'héritier présomptif de la famille Willingham, et il ne pouvait être sûr que ce secret important serait gardé, qu'en changeant entièrement toutes ses habitudes, et en évitant toute liaison avec ceux qui l'avaient connu sous ce nom emprunté.

Jeanie pensa donc qu'il était vraisemblable que Georges Staunton passerait avec son épouse sur le continent, et qu'ils y resteraient jusqu'à ce que le temps eût fait entièrement oublier l'affaire de Porteous; et il en résultait qu'elle avait plus d'espoir pour sa sœur que son père et Butler n'en pouvaient concevoir. Elle n'osait pas cependant leur faire part de la consolation qu'elle éprouvait en songeant qu'Effie serait à l'abri des rigueurs de la pauvreté, et qu'il n'y avait guère d'apparence que son mari cherchât à l'entraîner dans les sentiers du crime; il aurait fallu pour cela qu'elle leur fît connaître l'identité de Staunton avec Robertson; et, malgré sa confiance en l'un et l'autre, c'était un secret qu'elle ne se croyait autorisée à révéler à qui que ce fût. Après tout, il n'était guère moins effrayant de songer que sa sœur était mariée à un homme condamné à mort pour vol à main armée, et qu'on cherchait partout pour lui faire son procès comme assassin. Ce n'était pas sans chagrin qu'elle réfléchissait aussi que, comme elle était en possession de ce dangereux secret, il était vraisemblable que, tant par un sentiment de honte que par crainte pour sa propre sûreté, il ne permettrait jamais à la pauvre Effie de la revoir.

Après avoir lu et relu la lettre de sa sœur, elle se soulagea par un déluge de larmes, que Butler s'efforça en vain d'arrêter. Elle fut pourtant enfin obligée de s'essuyer les yeux et de retenir ses pleurs, car son père, pensant avoir laissé aux deux amans tout le temps de s'entretenir, arrivait du château avec le capitaine Duncan de Knockdunder, que ses amis se contentaient d'appeler Duncan, par abréviation, et dont Deans avait déjà parlé à sa fille sous le nom du laird de Knocktarlity.

C'était un personnage de la première importance dans l'île de Roseneath, et même dans les paroisses du comté de Dumbarton voisines de la mer. On voit encore les ruines de la tour de Knockdunder sur un roc situé sur le bord de Holy-Loch. Duncan jurait qu'elle avait été un château royal; si le fait est vrai, c'était un des plus petits qui eussent jamais existé, car l'intérieur de la tour ne contenait qu'un espace de seize pieds carrés, édifice assez ridicule, vu l'épaisseur des murs, qui était de dix pieds. Quoi qu'il en soit, ce château avait donné depuis long-temps aux ancêtres de Duncan le titre de capitaine, correspondant à celui de seigneur châtelain. Ils étaient vassaux des ducs d'Argyle, et exerçaient sous eux une juridiction subalterne, de peu d'importance à la vérité, mais qui en avait une grande à leurs yeux ; aussi mettaient-ils à remplir leurs fonctions une rigueur qui allait quelquefois au-delà même de ce que la loi prescrivait.

Le représentant actuel de cette antique famille était un homme d'environ cinquante ans, de petite taille, mais vigoureux, et qui se plaisait à réunir dans sa personne le costume anglais et celui des montagnards écossais. En conséquence, il se couvrait la tête d'une perruque noire surmontée d'un grand chapeau à cornes, bordé d'un galon en or, et il portait le jupon et le plaid des montagnards. Le district soumis à sa juridiction était situé, partie dans les montagnes, partie dans les basses terres, et peut-être voulait-il annoncer par son costume qu'il ne ferait aucune différence entre les *Grecs* et les *Troyens*. Cette bizarrerie produisait pourtant un singulier effet, car sa tête et son corps semblaient appartenir à deux personnes différentes, ou, comme le prétendait quelqu'un qui avait vu les exécutions des insurgés faits prisonniers en 1715, on aurait dit qu'un enchanteur, pressé de rappeler à la vie ceux qui venaient d'être décapités, avait replacé la tête d'un Anglais sur le corps d'un Highlander. Pour achever le portrait de l'aimable Duncan, il avait l'air gonflé d'importance, la parole brève, le ton décidé, et son nez court, rouge de cuivre, annonçait qu'il avait un égal penchant pour la colère et l'usquebaugh (1).

Lorsque ce grand dignitaire arriva près de Jeanie :— M. Deans, dit-il, je prendrai la liberté d'embrasser cette jeune personne, votre fille sans doute? C'est un des droits de ma charge d'embrasser toutes les jolies filles qui arrivent à Roseneath.

Après ce galant discours, il s'avança vers elle, et la baisa sur les deux joues en lui disant qu'elle était la bienvenue dans le pays du duc d'Argyle. S'adressant alors à Butler :

— Allons, lui dit-il, c'est demain le grand jour; tout le clergé rustique sera à la Loge pour terminer votre affaire, et nous l'arroserons sûrement d'usquebaugh. On ne fait rien sans cela dans ce pays.

— Et le laird, dit David Deans...

— Dites donc le capitaine, s'écria Duncan : on ne saura pas de qui vous parlez, si vous ne donnez pas aux gens les titres qui leur conviennent.

— Eh bien donc, reprit David, le capitaine vient de m'assurer que le vœu des paroissiens est unanime en votre faveur, Reuben; qu'il règne entre eux à cet égard une harmonie parfaite.

— Oui, dit Duncan (2), aussi parfaite qu'on peut l'attendre de gens dont une moitié crie en saxon, et l'autre

(1) Le sens de ce mot Erse est eau-de-vie, c'est une eau-de-vie d'orge aromatisée, qu'on appelle plus communément whisky
ÉD

(2) Duncan parle le dialecte écossais, qu'il mêle aussi à l'anglais; mais l'auteur lui donne un vice de prononciation dont le trait le plus saillant est dans la prononciation du *b*, que le capitaine prononce comme *p*. — ÉD

braille en gaélique, comme des mouettes ou des oies avant un orage. Il aurait fallu avoir le don des langues pour savoir précisément ce qu'ils disaient. Je crois que ce qu'on entendait le mieux, c'était : Vivent Mac Callummore et Knockdunder! et, quant à leur unanimité, je voudrais bien savoir lequel d'entre eux oserait s'aviser de ne pas vouloir ce que le duc et moi avons décidé.

— Si pourtant, dit Butler, quelqu'un d'entre eux avait des scrupules sur la légalité de ma nomination, comme cela peut arriver à un ami sincère de la vérité, je tâcherais de le convraincre que...

— Ne vous en inquiétez pas, s'écria Duncan : laissez-moi faire, de par tous les diables, je ne les ai pas habitués à avoir des scrupules sur ce qu'on leur ordonne; et s'il y en avait un qui osât se rebiffer, vous verriez le sincère ami, comme vous le nommez, solidement lié par une bonne corde à la poupe de ma chaloupe, faire une promenade dans le Lac Saint pour essayer si l'eau le débarrasserait de ses scrupules comme de ses puces. Goddam!

Il ajouta encore quelques menaces mal articulées qui semblaient promettre aux récusans, s'il s'en trouvait, une conversion un peu rude. Deans aurait certainement rompu une lance en faveur du droit qu'avait une congrégation chrétienne, d'être consultée sur le choix de son pasteur; ce qui, à son avis, était le plus précieux et le plus inaliénable de ses privilèges ; mais heureusement il était occupé à écouter les détails que Jeanie lui donnait sur son voyage, avec une attention qu'il accordait rarement aux choses étrangères à ses occupations habituelles, et aux affaires religieuses. Cette circonstance fut heureuse pour l'amitié que le capitaine de Knockdunder paraissait avoir conçue pour lui, et que Deans attribuait à son mérite et à ses talens, tandis qu'il la devait réellement à la recommandation que le duc avait faite à Duncan d'avoir tous les égards possibles pour lui et pour sa famille.

— Maintenant, messieurs, dit Duncan d'un air imposant, je suis venu pour vous inviter à souper au château. J'y ai laissé M. Archibald à demi affamé, et une femme saxonne dont les yeux semblent sortir de la tête, de surprise et d'effroi, comme si elle n'avait jamais vu un gentilhomme en philabeg.

— Mais, dit David, Reuben Butler désire sans doute se retirer chez lui pour se préparer par la méditation à l'affaire sérieuse qui doit l'occuper, et se rendre digne de paraître devant les respectables ministres qui...

— Ta, ta, ta, vous n'y entendez rien! s'écria Duncan, il n'y en a pas un parmi eux dont le nez ne fût assez fin pour sentir d'ici le pâté de venaison qui nous attend, et qui n'abandonnât pour lui toutes les méditations du monde, quoi que M. Butler et vous puissiez en dire.

David soupira; mais comme il avait affaire à un *Gallio* (1), il jugea que ce serait perdre son temps que de lui répondre. Ils suivirent donc le capitaine, et s'assirent en grande cérémonie autour d'une bonne table. La seule circonstance de toute la soirée qui mérite d'être remarquée, c'est que Butler prononça le bénédicité, que le capitaine le trouva trop long, et que Deans jugea qu'il était trop court, d'où le charitable lecteur conclura probablement qu'il était exactement de la longueur convenable.

(1) A un païen — ÉD

CHAPITRE XLV.

> « Du roi David entonnez les cantiques,
> » Et commencez votre sabbat mystique,
> » Chantez nous donc les versets, les repons,
> » Et de Bangor les pieuses chansons
>
> Burns

Nous voici arrivés au jour important où, suivant les formes et le rituel de l'église écossaise, Butler devait être ordonné ministre de Knocktarlity, par le presbytère de... L'attente de cet événement intéressant éveilla chacun de très-grand matin, excepté pourtant la souveraine de basse-cour, mistress Dutton, qui ne devait partir pour Inverrary que dans quelques jours.

Le capitaine, dont l'appétit était aussi aiguisé que son caractère était absolu, ne manqua pas d'avertir de bonne heure toute la compagnie de venir partager un déjeuner substantiel, composé de laitage préparé d'une douzaine de manières différentes, de viandes froides, d'œufs frais et d'œufs durs, de beurre, de fromage, d'un demi-baril de harengs bouillis et grillés, — enfin, de thé et de café pour ceux qui en voudraient, dit Duncan en ajoutant que ces deux denrées ne lui coûtaient presque que la peine de les envoyer prendre sur le bord de la mer, en montrant en même temps avec un signe expressif un petit lougre qu'on voyait à l'ancre près du rivage.

— Est-ce que la contrebande se fait ici d'une manière si publique? demanda Butler. Cela ne me donnerait pas bonne opinion de la morale des habitans.

— Le Duc, M. Butler, ne m'a pas donné ordre de l'empêcher, — répliqua le capitaine, convaincu que cette réponse ne pouvait rien laisser à désirer.

Butler était prudent. Il savait que les remontrances ne sont utiles que lorsqu'elles sont faites en temps convenable, et il crut ne devoir rien dire en ce moment sur ce sujet.

Le déjeuner était à moitié fini quand mistress Dutton arriva, aussi belle qu'une robe bleue et des rubans roses pouvaient la rendre.

— Bonjour, madame, dit le maître des cérémonies, j'espère que vous ne serez pas malade pour vous être levée trop tôt.

La dame fit ses excuses au capitaine : — Mais en vérité, ajouta-t-elle, j'étais comme le maire d'Altringham, qui reste couché pendant qu'on raccommode ses culottes : la fille avait oublié de monter ma malle dans ma chambre. Eh bien! je suppose que nous allons tous à l'église aujourd'hui? Capitaine, oserais-je vous demander si vous comptez y aller en jupon? Est-ce la mode dans ce pays du nord?

— Oui, madame, j'irai à l'église comme vous me voyez, et fort à votre service ; car si je devais rester au lit, comme votre maire, je ne sais qui, jusqu'à ce que mes culottes fussent raccommodées, je pourrais bien y rester toute ma vie, je n'en ai jamais mis que deux fois, quand Sa Grace amena ici la duchesse ; encore j'empruntai du ministre une paire de culottes pour les deux jours qu'elle passa ici. Mais de par tous les diables, ni pour homme ni pour femme au monde, je ne me remettrai dans une pareille prison, sauf les cas, bien entendu, où Sa Grace la duchesse reviendrait ici.

La princesse de la laiterie écouta cette déclaration formelle d'un air très-étonné, mais n'y répondit rien, et se mit à prouver autrement que par des paroles que les terreurs qu'elle avait éprouvées la veille n'avaient fait aucun tort à son appétit.

Après le déjeuner, le capitaine proposa à la compagnie de monter dans sa chaloupe, pour faire voir à mistress Jeanie sa future résidence, car la paroisse de Knocktarlity ne se bornait pas à l'île de Roseneath ; une partie de son territoire était dans le comté de Dumbarton, et c'était là qu'était situé le presbytère. Il voulait aussi, ajouta-t-il, s'assurer par lui-même si l'on y avait fait tous les préparatifs nécessaires pour recevoir ceux qui devaient y habiter.

La matinée était délicieuse ; l'ombre immense des montagnes dormait immobile sur le miroir des vagues transparentes du Frith, aussi paisibles que celles d'un lac de l'intérieur des terres. Mistress Dutton elle-même ne concevait plus aucune crainte. D'ailleurs Archibald l'avait prévenue qu'il y aurait après le sermon une espèce de banquet, et cette annonce l'avait mise de belle humeur. — Quant à l'eau, dit-elle, elle était si calme, qu'on croyait faire une partie sur la Tamise.

Toute la société s'embarqua donc dans une grande chaloupe que le capitaine appelait son équipage à six chevaux, et suivie d'une plus petite, qu'il nommait son gig (1). Duncan fit gouverner vers la petite tour de l'ancienne église de Knocktarlity, et les efforts de six rameurs vigoureux leur firent faire cette traversée rapidement. A mesure qu'ils s'approchaient du rivage, les hauteurs leur semblaient s'éloigner, et une petite vallée, formée par le cours d'une rivière descendue des montagnes, se développa tout à coup à leurs yeux. L'aspect de la contrée était pastoral, et ressemblait, par la simplicité de ses sites, à la description d'un auteur écossais oublié aujourd'hui :

« L'onde coulait doucement, avec un léger murmure, » sur un terrain aplani; de chaque côté les arbres éten- » daient leurs vastes rameaux devenus harmonieux par » les chants des oiseaux qu'ils recelaient dans leur feuil- » lage; un épais gazon formait à leurs pieds un tapis des » plus frais; de vertes fougères décoraient la base des » monts, où la chèvre et l'agneau bondissans semblaient » suspendus, et broutaient les jeunes arbrisseaux (2). »

Ils abordèrent dans cette Arcadie écossaise, à l'embouchure de la petite rivière qui arrosait le charmant et paisible vallon. Les habitans de toutes les classes accoururent en foule, autant pour voir les nouveaux arrivés, que pour témoigner leur respect au capitaine, qui ne leur aurait pas facilement pardonné de manquer à ce

---

(1) Espèce de cabriolet — Éd

(2) *L'Heureuse Bergere* de Ross, edition de 1778 — Ld.

devoir. Quelques-uns d'entre eux étaient des hommes selon le cœur de David Deans, de rigides presbytériens émigrés des comtés de Lennox, d'Ayr et de Lanarck, parce qu'ils étaient persécutés pour avoir pris parti pour le duc d'Argyle, aïeul du duc actuel, dans la rébellion de 1686, et à qui le père de celui-ci avait accordé un asile sur ses terres. C'étaient pour Deans des pains pétris avec le bon levain, et sans cette circonstance, dit-il à ses amis intimes, le capitaine l'aurait fait fuir du pays en vingt-quatre heures, tant il était horrible de l'entendre jurer à la moindre occasion qui venait le tenter.

Il se trouvait aussi des paroissiens plus sauvages, descendus des lieux plus élevés, qui parlaient le gaélique, marchaient en armes, et portaient le costume des Highlands. Mais les ordres et les précautions du duc avaient établi un si bon ordre dans ses domaines, qu'ils vivaient dans la meilleure intelligence avec leurs voisins, habitans des basses terres.

Ils visitèrent d'abord la *Manse*, nom qu'on donne en Écosse aux presbytères. C'était un ancien bâtiment, mais en bon état. Il était entouré d'un petit bois de sycomores, et avait un jardin fort bien planté, borné par un ruisseau qu'on apercevait en partie des fenêtres de la maison; le reste de son cours était caché par de jolis bosquets. L'intérieur de l'habitation était moins agréable qu'il aurait pu l'être, parce que le dernier titulaire l'avait considérablement négligé : mais des ouvriers travaillaient en ce moment à l'embellir par ordre et aux frais du duc d'Argyle, sous l'inspection du capitaine Duncan. Sa Grace y avait même envoyé de nouveaux meubles par un brick qui lui appartenait, et qu'il avait nommé *la Caroline*, d'après le nom de sa fille aînée. Il s'en fallait de peu que la maison ne fût prête à recevoir ses nouveaux maîtres.

Duncan prétendit pourtant que les ouvriers n'avaient pas fait tout ce qu'ils auraient dû faire, et ayant appelé devant lui les délinquans, il leur annonça d'un air d'autorité qui n'admettait pas de réplique, le châtiment que méritait leur négligence : c'était tout au moins une amende de la moitié de leur journée; encore voulait-il être damné s'il leur payait l'autre moitié, et ils iraient chercher justice où ils voudraient. Les pauvres gens implorèrent humblement l'indulgence du capitaine. Enfin Butler lui fit observer que c'était presque un jour de fête, et que les ouvriers comptaient sans doute aller à l'Église pour assister à l'ordination ; — Duncan consentit à leur pardonner pour cette fois, par égard pour le nouveau ministre.

— Mais si jamais je les prends à négliger leurs devoirs, s'écria-t-il, je veux que le diable m'emporte si je leur fais grace, et il n'y aura pas d'église qui tienne. Qu'est-ce que ces gens-là ont à faire à l'église? Le dimanche, à la bonne heure. Encore pourvu que ni le duc ni moi n'ayons pas besoin d'eux ailleurs.

Il n'est pas nécessaire de dire avec quel sentiment de douce satisfaction Butler jouit de la perspective de passer ses jours dans cette vallée tranquille, chéri et honoré de ses paroissiens comme il espérait l'être; et combien de regards d'intelligence furent échangés entre lui et Jeanie, dont les traits, animés par le plaisir secret qu'elle trouvait à examiner les appartemens où elle devait bientôt être la maîtresse, auraient pu en ce moment paraître doués de beauté. Elle fut plus libre de se livrer au sentiment secret de son cœur quand la compagnie, ayant quitté la manse, se fut rendue à l'habitation destinée à David Deans.

Jeanie vit avec plaisir qu'elle n'était située qu'à une portée de fusil de la manse, car elle se serait trouvée bien moins heureuse, si elle avait été obligée de demeurer loin de son père; et elle savait qu'il y avait de grands inconvéniens à ce que Butler et lui habitassent la même maison. En un mot, la distance qui les séparait était précisément tout ce qu'elle aurait pu souhaiter.

Rien ne manquait a cette ferme de tout ce qui pouvait être commode et agréable, tant pour le logement du fermier que pour l'exploitation des terres. C'était bien autre chose que tout ce qu'elle avait vu à Woodend et à Saint-Léonard : un joli jardin, un grand verger, la basse-cour la plus complète; tout lui plaisait dans cette habitation. Elle était située à mi-côte, et dominait sur la vallée où était la manse, qu'on apercevait de la ferme, ainsi que le petit ruisseau qui circulait dans les environs. En face on voyait l'île de Roseneath, qui n'était séparée de l'Écosse de ce côté, que par un bras de mer fort étroit; la vue était bornée à gauche par les montagnes de Dumbarton, habitées autrefois par le clan belliqueux des Mac-Farlane, à droite par les monts sourcilleux du comté d'Argyle, et plus loin par les pics foudroyés de l'île d'Arran.

Toutes ces beautés pittoresques ne firent pourtant pas autant de plaisir à Jeanie que la vue de la vieille May Hettly, qui vint la recevoir à la porte, revêtue de sa robe brune des dimanches, et de son tablier bleu proprement arrangé par-devant pour la menager. La bonne vieille ne montra pas moins de joie en revoyant sa jeune maîtresse, et elle se hâta de l'assurer que pendant son absence elle avait pris tout le soin possible de son père et des bêtes. Elle ne manqua pas de la tirer à l'écart, et la conduisit sur-le-champ dans la basse-cour, afin de recevoir d'elle les complimens qu'elle se flattait de mériter sur le bon ordre qui régnait. Elle ne fut pas trompée dans son attente, Jeanie la felicita, et se réjouit dans la simplicité de son cœur de retrouver Gowan et ses autres favorites, qui semblaient la reconnaître et recevoir avec plaisir ses caresses.

— Ces pauvres bêtes sont bien aises de vous revoir, dit la vieille May, et cela n'est pas surprenant, Jeanie, car vous avez toujours été bonne pour les bêtes et pour les gens. Mais il faut que je m'habitue à vous appeler mistress, ajouta-t-elle d'un air malin, et je ne crois pas que ce soit le nom de Deans qu'il faudra ajouter à celui de Jeanie.

— Appelez-moi toujours Jeanie, votre Jeanie, ma bonne May, et vous ne risquerez pas de vous tromper, répondit-elle.

Dans un coin de l'étable était une génisse blanche que Jeanie regardait les larmes aux yeux. — Pour celle-là, dit May, c'est toujours votre père qui en prend soin lui-même, et vous vous doutez bien pourquoi. Que le cœur d'un père est une singulière chose! Je suis sûr qu'il fait plus de prières pour la pauvre fille que pour vous-même. Et au vrai qu'avez-vous besoin de prières? Ah! si la pauvre enfant prodigue revenait au bercail, comme il tuerait volontiers le veau gras! Et cependant le veau de la brune ne sera bon à tuer que dans trois semaines.

LA PRISON D'ÉDIMBOURG. 141

Après avoir examiné toute la basse-cour, Jeanie alla retrouver le reste de la compagnie, qui examinait l'intérieur de la maison. Il n'y manquait que Deans et Butler, qui étaient allés à l'église rejoindre les ministres et les anciens deja rassemblés.

Cette habitation avait été construite et meublée tout récemment, par ordre du duc, pour un vieux serviteur favori à qui la mort n'avait permis d'en jouir que quelques mois, et il y avait fait ajouter alors tous les bâtimens nécessaires pour en faire une ferme.

Dans la chambre à coucher de Jeanie se trouvait une caisse qui avait excité toute la curiosité de mistress Dutton, car elle était bien sûre que l'adresse à miss Jeanie Deans, à Auchingower, paroisse de Knocktarlity, était de l'écriture de mistress Semple, femme de chambre de la duchesse. May remit alors à Jeanie un paquet cacheté qui était aussi à son adresse, et dans lequel se trouvait la clef de la caisse avec un billet portant que ce qui y était contenu était une marque de souvenir pour Jeanie Deans de la part de ses amies la duchesse d'Argyle et ses demoiselles.

Le lecteur ne peut douter que la caisse ne fût bientôt ouverte. Elle était remplie de linge et de vêtemens de la meilleure qualité, et néanmoins convenables à la condition de Jeanie dans le monde; chaque article portait le nom de la personne qui en faisait présent, comme pour faire sentir à celle à qui on l'offrait qu'elle avait inspiré un intérêt particulier à chacun des membres de cette digne famille. Je n'essaierai pas de donner le nom de tous les objets qui s'y trouvaient, parce que la plupart ne seraient pas reconnus aujourd'hui dans le vocabulaire des marchandes de modes ; mais si quelques-uns de mes lecteurs désirent plus de renseignemens à ce sujet, je les préviens que j'ai déposé un inventaire complet de tout le contenu de la caisse entre les mains de ma digne amie miss Marthe Buskbody, qui se fera un plaisir de le leur communiquer, en y ajoutant ses commentaires. Je me contenterai de dire ici que le présent était digne de celles qui l'offraient, et qu'on n'y avait rien oublié de ce qui pouvait être utile à la garde-robe d'une jeune villageoise qui allait devenir l'épouse d'un ministre respectable.

Tout fut déployé, examiné, admiré. La bonne May ne pouvait revenir de son étonnement, et demandait si la reine avait de plus beaux habits et en plus grand nombre. La laitière anglaise ne put voir toutes ces belles choses sans un peu d'envie, et ce sentiment peu aimable, mais assez commun, se manifesta par la critique qu'elle fit, sans goût comme sans fondement, de divers articles, à mesure qu'on les lui montrait. Mais ce fut bien une autre chose quand, au fond de la caisse, on trouva une robe de soie blanche, fort simple, mais de soie, et de soie française, sur laquelle un petit billet était attaché avec une épingle portant que c'était un présent du duc d'Argyle à sa compagne de voyage, pour être porté le jour où elle changerait de nom.

Mistress Dutton ne put résister à un tel coup, et se penchant à l'oreille de M. Archibald : — C'est une bonne chose que d'être Écossaise, lui dit-elle tout bas: on pendrait bien toutes mes sœurs, et j'en ai une demi-douzaine, avant que personne s'avisât de m'envoyer seulement un mouchoir de poche.

— Ou sans que vous fissiez rien pour les sauver, lui répondit-il sèchement. Mais je suis surpris, dit-il en regardant à sa montre, de ne pas encore entendre la cloche de l'église.

— Diable! M. Archibald, s'écria le capitaine de Knockdunder, voudriez-vous qu'on sonnât la cloche sans être sûr que je sois prêt? j'en ferais manger la corde au bedeau, s'il prenait une telle liberté. Mais si vous voulez qu'on la sonne, mettons-nous en chemin, et dès qu'on me verra sur cette hauteur là-bas, je vous réponds que vous l'entendrez.

On partit sur-le-champ, et effectivement, dès que le galon d'or du chapeau du capitaine parut comme l'étoile du soir sur la montagne, la cloche s'ébranla dans la vieille tour, et le marteau continua à en battre les parois fêlées jusqu'à ce qu'ils fussent arrivés à l'église, Duncan ne cessant de répéter à ses compagnons : — Ne vous pressez pas! ne vous pressez pas! du diable s'ils commencent avant que j'y sois.

En conséquence, la cloche ne cessa de faire entendre ses sons discordans que lorsque toute la compagnie entra et se plaça au ban du duc dans l'église, précédée de Duncan; mais David Deans n'était pas avec les autres, ayant déjà pris sa place parmi les Anciens.

Nous ne fatiguerons pas nos lecteurs des détails du cérémonial de l'ordination de Butler. Toutes les formes d'usage furent observées, et le sermon qui fut prononcé eut le bonheur de plaire à Deans, quoiqu'il n'eût duré que cinq quarts d'heure, ce qu'il appelait une assez maigre provision spirituelle.

Le prédicateur qui l'avait prononcé partageait en grande partie les opinions du père Deans, et il s'excusa tout bas auprès de lui de sa brièveté, en lui disant qu'il avait remarqué que le capitaine bâillait d'une manière effrayante, et que, s'il l'avait retenu plus long-temps, il ne savait pas combien il aurait pu lui faire attendre le paiement du terme suivant de ses émolumens.

Deans soupira en voyant que des motifs si humains pouvaient avoir une telle influence sur l'esprit d'un prédicateur de l'Évangile. Mais un autre incident l'avait scandalisé encore bien davantage pendant le service divin.

Lorsque les prières furent finies, et que le sermon allait commencer, Duncan fouilla dans sa poche de cuir, suspendue sur le devant de son jupon, en tira sa pipe, et dit presque à voix haute : — J'ai oublié ma poche à tabac! Lachlan, cours au clachan (1), et rapporte-m'en pour un sou. — Cinq ou six bras furent à l'instant étendus vers lui, chacun lui présentant une poche à tabac. Il en prit une en faisant un léger mouvement de tête en signe de remerciement, remplit sa pipe, battit le briquet, alluma son tabac, et fuma du plus grand sang-froid pendant tout le temps du sermon. Quand il fut fini, il secoua les cendres de sa pipe, la remit dans sa poche, rendit la poche à celui à qui elle appartenait, et assista au reste de l'office avec décence et attention.

Lorsque toutes les cérémonies furent terminées, et que Butler eut été installé, reconnu comme ministre de l'église de Knocktarlity, et investi de toutes les immunités et privilèges spirituels de cette place, Deans, qui avait gémi et murmuré de la conduite irrévérencieuse du capitaine de Knockdunder, fit part de ses pensées à Isaac Meiklehose, dont l'air grave et sérieux

---

(1) Au village. Voir une note de *Waverley* sur ce mot. — Éd.

et les cheveux gris l'avaient disposé en sa faveur. —Un sauvage indien, lui dit-il, ne se permettrait pas d'être assis dans une église, lâchant des bouffées de fumée de tabac comme s'il était au cabaret. Comment est-il possible qu'un chretien, qu'un homme comme il faut, se le permette?

— Cela n'est pas bien, répondit Meiklehose en branlant la tête, cela n'est pas bien; mais qu'y faire? Le capitaine a ses manières, et lui faire des représentations sur quelque chose, ce serait vouloir mettre le feu à la maison. Il tient la haute main sur tout le pays, et sans sa protection nous ne pourrions rien faire avec les montagnards. Au fond, il n'est pas mechant, et vous savez que les montagnes dominent sur les vallons.

— Cela peut être, voisin, mais Reuben Butler n'est pas ce que je le crois, s'il n'apprend pas au capitaine à fumer sa pipe ailleurs que dans la maison de Dieu, avant la fin du quartier qui court.

— Qu'il y prenne garde; et si un fou peut donner un avis à un sage, je lui conseille d'y songer à deux fois avant de se brouiller avec Knockdunder. Il a de longs bras, en état de tirer le diable par les cornes. Mais tout le monde est allé dîner, et si nous ne marchons pas plus vite nous arriverons trop tard.

Deans suivit son nouvel ami sans lui répondre, et commença à reconnaître par expérience que la vallée de Knocktarlity, comme tout le reste du monde, offrait des sujets de regret et de mécontentement. Son esprit fut tellement occupé à réfléchir sur les moyens de faire sentir à Duncan la nécessité de se conduire avec plus de décence pendant le service divin, qu'il oublia de s'informer si le serment avait été exigé de Butler, et en quels termes il l'avait prêté.

Quelques personnes ont insinué que cet oubli fut à peu près volontaire; mais je crois que cette explication de son silence ne s'accorde point avec la franchise de mon ami David. Les recherches les plus exactes que j'ai faites ne m'ont d'ailleurs rien appris sur cet objet important, les registres qui auraient pu nous éclairer ayant été détruits en 1746 par un certain Donacha-Dhuna Dunaigh, à l'instigation ou du moins avec la connivence du généreux Duncan de Knockdunder, qui voulait qu'il n'existât aucune trace de la faiblesse d'une jeune fille de la paroisse, nommée Kate Finlayson.

CHAPITRE XLVI.

« Du cabaret les salles se remplissent
» De commentateurs altérés,
» Voyez les tables qui gémissent
» Sous les flacons en rangs serrés
» L'un en criant demande du biscuit
» L'autre parle de l'Écriture
Tous sont d'accord pour faire un bruit
» Qui lasserait l'oreille la plus dure
» Ce beau jour, certes, finira
» Par quelque brouhaha

BURNS

Un festin splendide, préparé aux frais du duc d'Argyle, fut offert aux révérends ministres qui avaient assisté à l'ordination de Butler, et presque tous les habitans respectables de la paroisse y furent aussi invités. On y trouvait tout ce que le pays pouvait fournir, car il

(1) Cette épigraphe n'a pas été choisie sans dessein par l'auteur pour servir de sommaire à la description d'un banquet religieux Elle est empruntée à l'ode satirique de Burns intitulée *Holy-Fair* (le Jour du Sacrement, — voyez sur cette fête presbytérienne les

n'existait rien dans le pays qui ne fût à la disposition de Duncan de Knockdunder. Or, les pâturages nourrissaient des bœufs et des moutons; la mer, le lac et le ruisseau, des poissons de toute espèce; les forêts du duc, les marécages, les bruyères, etc., toute sorte de gibier, depuis le daim jusqu'au levraut, qu'on n'avait que la peine de tuer; quant à la boisson, la bière s'y trouvait aussi facilement que l'eau; l'eau-de-vie et l'usquebaugh ne payaient aucun droit dans ces heureux temps, et l'on y avait le vin pour rien, attendu que, d'après les lois existantes, le duc avait droit à tout le vin en tonneau qui était jeté sur le rivage quand un vaisseau faisait naufrage, ce qui n'était pas très-rare sur ces côtes. En un mot, comme Duncan s'en vantait, le régal ne coûtait pas à Mac-Callummore un seul *plack* de sa bourse, et cependant rien n'y manquait.

La santé du duc fut portée avec grande solennité, et David Deans tira, en cette occasion, du creux de sa poi-

---

notes de *Waverley*) Le poète raconte comment il a été conduit à cette assemblée pieuse par trois *fillettes* qu'il a rencontrées l'une, qui est son amie et son guide, est la fille la Joie (*fun*), les deux autres sont la Superstition et l'Hypocrisie. Dans cette singulière compagnie, Burns raille le mélange de fausse dévotion et de libertinage qui signale ce grand jour. « Combien, s'écrie-t-il pour con-
» clure, combien ce jour convertit de pécheurs et de jolies filles !
» Leurs cœurs de pierre sont devenus du matin au soir tendres
» comme des cœurs de chair : il en est qui s'en reviennent pleins de
» l'amour divin, d'autres pleins d'eau-de-vie. et mainte transac-
» tion a commencé ce jour-là, qui finira par la fornication quelque
» autre jour. » Ce fut une des pièces qui ameutèrent les dévots contre Burns. Les ultra-presbytériens ont fait une guerre presque aussi sérieuse à Walter Scott dans plusieurs brochures. c'est ce qui a motivé notre note. — Éᴅ

trine le premier *huzza* qui en fût jamais sorti. Il avait l'esprit si exalté en cette circonstance mémorable, le cœur si disposé à l'indulgence, qu'il ne témoigna pas de mécontentement quand il entendit de la musique, et que trois joueurs de cornemuse firent retentir la salle du festin de l'air : « Voici les Campbell qui viennent. » On porta avec les mêmes honneurs la santé du nouveau ministre de Knocktarlity, et de grands applaudissemens se firent entendre quand un de ses révérends confrères ajouta : — Puisse-t-il avoir bientôt une digne compagne pour tenir la manse en ordre ! — Deans accoucha en ce moment de sa première plaisanterie ; mais cet accouchement fut accompagné sans doute d'efforts douloureux, car il se tordit la figure et fit plus d'une grimace avant de pouvoir s'écrier : — Il vient de recevoir une épouse spirituelle ; faut-il donc le menacer le même jour d'une femme temporelle ? — Il partit en même temps d'un éclat de rire aussi bruyant qu'il fut court, et il reprit sur-le-champ son air de gravité silencieuse, étonné lui-même d'avoir pu s'y dérober un instant

Jeanie, mistress Dolly et quelques autres dames qui avaient honoré le repas de leur présence, quittèrent alors la salle, et laissèrent les hommes à table continuer leurs nombreuses libations.

La gaieté continua à régner parmi les convives. La conversation, grace au capitaine, n'était pas toujours rigoureusement canonique, mais Deans n'eut pas occasion d'en être scandalisé ; il était tout occupé à causer avec un de ses voisins des souffrances qu'ils avaient endurées tous deux pendant le temps des persécutions, dans les comtés d'Ayr et de Lanarck ; le prudent Meiklehose les invitant souvent à parler plus bas, attendu que le père de Duncan avait été l'un des persécuteurs, et qu'il était probable que lui-même n'avait pas les mains très-nettes à cet égard.

La gaieté commençant à devenir un peu trop vive, les personnages les plus graves battirent en retraite, et David Deans fut de ce nombre. Butler guettait l'occasion d'en faire autant; mais la chose n'était pas facile : le capitaine l'avait fait placer à côté de lui; il voulait voir, disait-il, de quel bois était fait le nouveau ministre; il le surveillait avec attention pour l'empêcher de quitter la table, et avait soin de remplir son verre quand il était vide, et de l'engager à le vider quand il était plein.

Enfin sur le tard un vénérable ministre s'avisa de demander à M. Archibald quand il pouvait espérer de voir à la Loge de Roseneath le duc d'Argyle, *tam carum caput* (1), s'il osait prendre la liberté de parler ainsi. Duncan, dont les idées n'étaient plus très-claires, et qui, comme on peut le croire, n'était pas très-érudit, trompé par la consonnance d'un mot, s'imagina que l'orateur voulait faire un parallèle entre le duc d'Argyle et sir Donald Gorme de Sleat; et pensant qu'une telle comparaison était une insulte pour son patron, il s'emporta vivement contre cette insolence.

Le révérend lui expliqua tranquillement le sens des mots qu'il avait prononcés.

— Monsieur! s'écria le fougueux capitaine, j'ai entendu le mot Gorme de mes propres oreilles. Croyez-vous que je ne sache pas distinguer le latin du gaëlique?

— C'est ce qui me paraît probable, monsieur, re-

(1) Cette tête si chère — ÉD.

pondit le ministre offensé à son tour, en prenant une prise de tabac avec un grand sang-froid.

Le nez de cuivre rouge du capitaine devint aussi brûlant que le taureau de Phalaris; et tandis qu'Archibald jouait le rôle de médiateur entre les deux parties offensées, et que l'attention de toute la compagnie était dirigée sur leur querelle, Butler trouva l'occasion d'effectuer sa retraite.

Il alla rejoindre Jeanie, qui désirait vivement que tout le monde se levât de table; car, quoique son père dût rester ce soir à la ferme d'Auchingower, et que Butler dût aussi prendre possession de la manse, comme les ouvriers travaillaient encore dans la chambre de Jeanie, il avait été convenu qu'elle retournerait pour un jour ou deux à la Loge de Roseneath, et les barques étaient depuis long-temps prêtes à partir. Mais on attendait le capitaine; et, quoique la nuit commençât à tomber, le capitaine restait encore à table.

Enfin M. Archibald arriva; et, par suite du décorum auquel il se regardait comme obligé, il avait eu soin de ne pas imiter l'intempérance dont il avait sous les yeux plus d'un exemple. Il proposa aux dames de leur servir d'escorte pour les reconduire à Roseneath, ajoutant que, de l'humeur dont il connaissait le capitaine, il était probable qu'il passerait une grande partie de la nuit à table, mais que, dans tous les cas, il ne serait pas en état de paraître devant les dames, quand il la quitterait. Le gig, c'est-à-dire la petite barque de Duncan, était à leur disposition, et la soirée était si belle, que la traversée serait une partie de plaisir

Jeanie, qui avait la plus grande confiance en la prudence de M. Archibald, y consentit sur-le-champ Mais il n'en fut pas de même de mistress Dutton ; elle voulait partir dans la grande barque ; mais, plutôt que de monter dans la petite, elle aimerait mieux, dit-elle, passer la nuit sous un arbre. Raisonner avec elle, c'était peine perdue, et Archibald ne crut pas que le cas fût assez urgent pour recourir à la violence. Il lui fit observer que ce n'était pas agir très-civilement avec le capitaine, que de le priver de ce qu'il appelait « son carrosse à six chevaux ; » mais que, comme c'était pour le service des dames, il était sûr que son ami Duncan lui pardonnerait cette liberté ; que d'ailleurs la petite barque lui serait peut-être plus utile que la grande, parce qu'avec elle on pouvait traverser le détroit à toute heure, et même avec la marée contraire.

Étant bien convenu qu'on partirait dans la grande barque, on se rendit sur le rivage ; Butler donnait le bras à Jeanie. Il se passa quelque temps avant qu'on eût pu rassembler les mariniers, et avant qu'on fût embarqué. La lune, qui venait d'apparaître sur le sommet de la montagne, faisait tomber ses mobiles reflets sur la nappe brillante des eaux ; la nuit était si belle, l'atmosphère si calme, que Butler, en disant adieu à Jeanie, n'éprouva pas la moindre crainte pour sa sûreté ; et ce qui est bien plus étonnant encore, c'est que mistress Dutton n'en conçut aucune pour la sienne.

L'air était doux, et son haleine parfumée glissait sur le frais cristal de l'onde. Le beau tableau des promontoires, des caps, des baies et de la chaîne bleuâtre des montagnes, n'était qu'imparfaitement visible au clair de lune, tandis que chaque coup de la rame faisait étinceler les flots par le brillant phénomène appelé le feu-de-mer.

Cette dernière circonstance surprit beaucoup Jeanie, et servit à distraire sa compagne jusqu'à l'approche de la petite baie qui s'avançait en demi-cercle dans la mer, et semblait les inviter à débarquer sous le sombre abri des arbres de ses bords.

Le lieu ordinaire du débarquement était à un quart de mille du château. La marée ne permettait pas à la grande barque d'approcher tout-à-fait d'une petite jetée formée de grosses pierres mal jointes, mais la distance n'était que de deux ou trois pieds, et Jeanie, aussi légère que hardie, sauta à l'instant sur le rivage. Mistress Dutton, au contraire, ne voulut jamais se résoudre à courir un pareil risque : et M. Archibald, toujours complaisant, ordonna aux mariniers de doubler le promontoire qui bornait la baie du côté de l'est, et de mettre à terre mistress Dutton dans un endroit où la barque pouvait toucher le rivage. Il se préparait alors à suivre Jeanie pour l'accompagner à la Loge ; mais Jeanie, ne craignant pas de se tromper de chemin pour y arriver, puisque la clarté de la lune lui en laissait apercevoir les cheminées blanches qui s'élevaient au-dessus des bois qui l'entouraient, le remercia de son attention, et le pria de rester avec mistress Dutton, qui, se trouvant dans un pays tout nouveau pour elle, et où tout lui paraissait étrange, avait plus besoin qu'elle de secours et de protection.

Archibald y consentit. — Ce fut une circonstance bien heureuse pour moi, disait par la suite mistress Dutton à ses amis, car elle me sauva la vie. Je serais infailliblement morte de terreur, si l'on m'eût laissée seule dans la barque avec six sauvages montagnards en jupons

La nuit était si belle, que Jeanie, au lieu de prendre sur-le-champ le chemin du château, s'arrêta quelques instans, immobile au bord de la mer, regardant la barque s'éloigner du rivage. Bientôt elle cessa de l'apercevoir ; de vagues figures se dessinaient au loin sur les flots, et le joram, ou chant des bateliers, parvenait plus mélancolique et plus doux à son oreille.

Elle savait qu'elle arriverait au château long-temps avant M. Archibald et mistress Dutton, qui, de l'endroit où ils devaient débarquer, auraient à faire beaucoup plus de chemin qu'elle pour s'y rendre. Elle marchait donc à petits pas, et n'était pas fâchée d'avoir un instant de solitude pour se livrer à ses réflexions.

Le changement étonnant que quelques semaines avaient apporté à sa situation, en la faisant passer de la crainte de la honte à l'espoir du bonheur, remplissait son cœur d'une joie douce, et mouillait ses yeux de larmes. Mais cette joie n'était pas sans mélange, et ses larmes coulaient encore d'une autre source... Comme la félicité humaine n'est jamais complète, et que les ames bien faites ne sont jamais plus sensibles aux infortunes de ceux qu'elles aiment que lorsque leur propre situation ne leur laisse rien à désirer pour elles-mêmes, les pensées de Jeanie se tournaient naturellement sur sa sœur,... cette sœur si tendrement chérie,... à qui elle avait presque servi de mère,... maintenant exilée de sa patrie,... laissant sa famille dans l'incertitude de sa situation, et, ce qui était encore pire, vivant sous la dépendance d'un homme dont il était impossible de ne pas avoir la plus mauvaise opinion, et qui, dans ses plus vifs accès de remords, paraissait si étranger à un véritable sentiment de repentir.

Tandis qu'elle s'abandonnait à ces réflexions mélancoliques, une figure humaine parut se détacher d'un taillis qui était à sa droite. Jeanie tressaillit, et les contes qu'elle avait entendus de spectres et d'esprits (1) qui s'étaient fait voir à des voyageurs pendant la nuit dans des lieux écartés, se présentèrent à son imagination. Cependant cet être, quel qu'il fût, s'avançait de son côté, et les rayons de la lune qui l'éclairaient lui firent reconnaître les vêtemens d'une femme. Au même instant une voix douce et timide, qui se fit entendre à son cœur en même temps qu'à ses oreilles, répéta deux fois avec précaution : —Jeanie! Jeanie!

— Était-il possible que ce fût elle? était-ce véritablement Effie? était-elle vivante, ou le tombeau avait-il lâché sa proie?.... Avant qu'elle eût pu résoudre ces questions qu'elle se proposait à elle-même, Effie la serrait dans ses bras, la pressait contre son cœur, et la dévorait de caresses. — Je ne m'étonne pas, lui dit-elle, que vous m'ayez prise pour un fantôme; je suis ici comme une ombre errante; je ne voulais que vous voir, qu'entendre votre voix; mais vous parler, vous embrasser c'est plus de bonheur que je n'en méritais, plus que je n'osais en désirer.

— Mais, Effie, comment vous trouvez-vous seule ici, à une pareille heure, sur ce rivage désert, sortant du fond d'un bois?... Est-il bien sûr que ce n'est pas votre esprit que je vois?

Par un retour momentané de son ancienne gaieté, Effie ne répondit à sa sœur qu'en lui pinçant légère-

---

(1) *Wraiths*, apparitions d'êtres vivans Voyez les notes de la *Fiancée de Lammermoor* — Éd.

ment le bras, mais doucement comme le ferait une fée plutôt qu'un fantôme. Les deux sœurs s'embrassèrent de nouveau, souriant et pleurant tour à tour.

— Vous allez venir avec moi à la Loge, Effie, dit Jeanie : vous y trouverez de braves gens qui vous feront bon accueil pour l'amour de moi.

— Non, ma sœur, non. Avez-vous oublié ce que je suis? Une malheureuse bannie, qui n'a échappé au supplice que parce qu'elle avait la meilleure, la plus courageuse des sœurs. Je ne voudrais me présenter devant aucun de vos grands amis, quand même je pourrais le faire sans danger.

— Il n'y en a aucun, il n'y en aura aucun, s'écria vivement Jeanie ; ô ma sœur ! laissez-vous guider une seule fois ; suivez mes conseils, nous serons si heureux tous ensemble !

— A présent que je vous ai vue, Jeanie, j'ai tout le bonheur que je mérite d'avoir sur la terre ; et qu'il y ait ou non du danger pour moi, personne n'aura à me reprocher d'avoir fait honte à ma bonne sœur en venant montrer à ses grands amis la tête qu'elle a sauvée de l'échafaud.

— Mais je n'ai point ici de grands amis... Je n'ai d'autres amis que les vôtres, Reuben Butler et mon père... Malheureuse fille ! ne soyez pas opiniâtre, et ne cherchez pas encore à fuir le bonheur... Venez, venez chez nous, vous n'y verrez personne qu'eux.... On trouve plus d'ombre sous une vieille charmille que dans un bois nouvellement planté.

— Vous parlez inutilement, Jeanie ; il faut que je boive la coupe que je me suis versée... Je suis mariée, et, heureuse ou non, il faut que je suive mon mari.

— Malheureuse Effie! s'écria Jeanie : mariée à un homme qui...

— Paix! dit Effie en lui fermant la bouche d'une main, et en lui montrant de l'autre le taillis, paix! il est là.

Elle prononça ces mots d'un ton qui prouvait que son mari lui avait inspiré autant de crainte que d'affection. Au même instant, un homme sortit du bois et s'avança vers les deux sœurs. La clarté imparfaite que la lune répandait suffit pour faire voir à Jeanie qu'il était bien vêtu et qu'il avait l'air d'un homme d'un certain rang.

— Effie, dit-il, le temps nous presse, et je n'ose rester davantage; il faut que le lougre mette à la voile pour profiter de la marée, et la chaloupe nous attend pour nous y conduire... J'espère que votre bonne sœur me permettra de l'embrasser.

Jeanie recula involontairement.

— Fort bien! mais peu importe. Si votre cœur nourrit de l'animosité contre moi, je sais que du moins ce sentiment ne règle pas votre conduite, et je vous remercie de m'avoir gardé le secret, quand un mot de votre bouche, et qu'à votre place j'aurais prononcé sans hésiter, pouvait m'envoyer à l'échafaud. On dit qu'il faut cacher à l'épouse la plus chérie un secret dont la vie dépend; ma femme et sa sœur savent le mien, et je n'en dormirai pas moins tranquillement.

— Mais êtes-vous réellement marié avec ma sœur? lui demanda Jeanie, à qui ce ton de légèreté et d'insouciance inspirait des doutes et des inquiétudes.

— Réellement, légalement, et sous mon nom véritable, répondit Staunton d'un air plus grave.

— Et votre père? et vos parens?

— Mon père et mes parens prendront leur parti sur une chose faite, et qu'ils ne peuvent plus empêcher. Cependant, pour rompre de dangereuses liaisons, et pour laisser à la colère de ma famille le temps de se refroidir, j'ai dessein de tenir mon mariage secret quant à présent, et de passer quelques années hors d'Angleterre. Ainsi, vous ne recevrez plus de nos nouvelles d'ici à quelque temps, si jamais vous en recevez. Vous devez sentir que toute correspondance entre nous serait dangereuse, car tout le monde devinerait que le mari d'Effie est... que dirai-je?... le meurtrier de Porteous.

— Quel endurcissement et quelle légèreté! pensa Jeanie. Et voilà l'homme à qui Effie a confié le soin de son bonheur! Elle a semé le vent, il faut qu'elle moissonne le tourbillon.

— Ne le jugez pas trop sévèrement! dit Effie en s'écartant de quelques pas avec sa sœur, pour que Staunton ne pût l'entendre. Il a de l'affection pour moi, plus d'affection que je n'en mérite, et il est déterminé à changer de vie. Ainsi ne vous affligez pas pour Effie, elle est plus heureuse qu'elle ne devait s'y attendre. Mais vous, vous, Jeanie, comment le serez-vous autant que vous méritez de l'être? Jamais avant de vous trouver dans le ciel. Jeanie, si je vis, si le ciel me favorise, vous recevrez de mes nouvelles; sinon oubliez une créature qui ne vous a causé que du chagrin. Adieu! adieu!

Elle s'arracha des bras de sa sœur, courut rejoindre son mari; ils rentrèrent dans le bois, et disparurent.

Cette scène semblait à Jeanie n'avoir été qu'une vision, qu'un jeu de son imagination, et elle ne se convainquit bien de sa réalité qu'en entendant le bruit des rames et en voyant une chaloupe qui se dirigeait avec rapidité vers un lougre qui était en rade. C'était à bord d'un semblable bâtiment qu'Effie s'était embarquée à Porto-Bello, et Jeanie ne douta point qu'il ne fût destiné à les conduire en pays étranger, suivant le projet que lui avait annoncé Staunton.

Il serait difficile de décider si cette entrevue, pendant qu'elle avait lieu, fit à Jeanie plus de peine que de plaisir. Mais lorsqu'elle fut terminée, ce dernier sentiment fut celui dont l'impression dura davantage dans son esprit. Effie était mariée. Elle était devenue, suivant l'expression vulgaire, une honnête femme (1). C'était un point important. Il paraissait aussi que son mari avait résolu de quitter enfin la carrière criminelle dans laquelle il ne s'était que trop avancé. C'en était un autre qui ne l'était pas moins. Quant à sa conversion finale et effective, il ne manquait pas de bon sens, et la Providence était grande.

Telles étaient les pensées par lesquelles Jeanie tâchait de calmer ses inquiétudes sur la destinée de sa sœur. En arrivant à la Loge elle trouva Archibald inquiet de son absence, et prêt à partir pour aller la chercher. Un mal de tête lui servit d'excuse pour se retirer, ne voulant pas qu'on s'aperçût de l'agitation de son esprit.

Elle évita par-là une scène d'une autre espèce, car à peine était-elle montée dans sa chambre que le capi-

(1) *To be made an honest woman.* Cette expression est souvent employée en Angleterre, où la grande liberté dont jouissent les demoiselles les expose, quoi qu'on en dise, à beaucoup de faux pas: il n'y a plus que le mariage pour en faire d'honnêtes femmes.

taine arriva mouillé jusqu'aux os. Comme si tous les cabriolets étaient destinés à éprouver des accidens sur mer et sur terre, sa petite barque, qu'il nommait son cabriolet (1), avait heurté, grace à l'ivresse du capitaine et des gens de son équipage, contre une plus grande chaloupe qui l'avait fait chavirer, et ils auraient été noyés sans le secours de ceux qui avaient causé involontairement cet accident. Ils n'éprouvèrent pourtant d'autre perte que celle du chapeau galonné du capitaine, qui fut remplacé le lendemain par le bonnet montagnard, à la satisfaction de toute la partie montagnarde qui se trouvait sous sa juridiction.

La colère de Duncan n'était pas encore apaisée le lendemain matin, et il fit plus d'un serment de se venger de la chaloupe qui avait renversé la sienne; mais comme ni la chaloupe ni le lougre auquel elle appartenait n'étaient plus en rade, il fut obligé de dévorer cet affront. Cela était d'autant plus dur, disait-il, qu'il était certain que cette insulte lui avait été faite avec intention, les drôles s'étant cachés dans l'île après avoir débarqué jusqu'à leur dernière balle de thé et de café, et le capitaine étant venu à terre et s'étant informé de l'heure à laquelle sa barque devait revenir à Roseneath.

— Mais la première fois que je les rencontrerai, dit-il d'un air de majesté, j'apprendrai à ces misérables galopins de nuit à savoir garder leur côté de la route, et je les enverrai à tous les diables.

(1) *Gig.* — Ed

CHAPITRE XLVI.

―

« Qui pourrait préférer les soucis de la cour
« Aux paisibles plaisirs de ce charmant séjour? »
SHAKSPEARE

Après l'intervalle de temps nécessaire pour que Butler se trouvât bien établi dans son presbytère et Jeanie chez son père à Auchingower, intervalle dont nous prions chacun de nos lecteurs de fixer la durée selon ses idées particulières des convenances, après la publication des bancs et toutes les autres formalités d'usage, les longs amours du digne couple furent resserrés par les saints nœuds du mariage. En cette occasion Deans résista vigoureusement à tous les efforts qui furent faits pour introduire chez lui des cornemuses et des violons, et ne voulut pas même permettre une simple danse en rond sans instrumens, à la grande colère du capitaine de Knockdunder, qui jura énergiquement de par tous les diables, qu'il ne serait pas venu a la noce s'il avait cru que ce ne serait qu'une misérable assemblée de quakers.

Sa rancune fut même d'assez longue durée. Il ne laissait pas échapper une occasion de lancer un sarcasme contre le vieux David, et peut-être son animosité se serait-elle portée encore plus loin, sans un voyage de quelques jours que le duc d'Argyle fit à la Loge de Roseneath. Mais quand il vit les égards tout particuliers que ce seigneur témoignait à Butler et à son épouse, et la satisfaction qu'il montra à Deans de la manière dont sa ferme était conduite, Knockdunder jugea prudent d'agir différemment. Même avec ses amis intimes, s'il parlait du ministre et de sa femme, il disait, que c'étaient des gens fort estimables, un peu exagérés dans leurs idées, mais qu'après tout il etait assez naturel que ces habits noirs péchassent par un excès de dévotion. Quant à David, il convenait qu'il était excellent connaisseur en terres et en bestiaux, et qu'il ne manquerait pas de bon sens, s'il n'avait pas la tête farcie d'un tas d'opinions caméroniennes, que le diable lui-même ne viendrait pas à bout d'en faire sortir. Les principaux personnages de notre histoire, évitant soigneusement de leur côté tout sujet de discussion avec le gracieux Duncan, vécurent donc avec lui en bonne intelligence; seulement le digne David avait l'ame navrée en voyant le capitaine fumer ou dormir à l'église pendant le sermon.

Mistress Butler, car nous tâcherons de nous déshabituer de lui donner le nom trop familier de Jeanie, montra dans le mariage la fermeté d'ame, la bonté de cœur, le bon sens, l'activité, en un mot toutes les qualités estimables dont elle avait donné tant de preuves étant fille. Ses connaissances littéraires étaient loin d'être égales à celles de son mari ; elle n'était pas en etat de soutenir avec lui une discussion théologique ; mais pas un ministre des environs n'avait son frugal dîner mieux préparé, ses habits plus propres, son linge mieux blanchi, enfin tout son presbytère en meilleur ordre.

Si Butler lui parlait de choses qu'elle ne comprenait pas, car il ne faut pas oublier qu'il avait été sous-maître d'école, ce qui lui avait donné un ton un peu scolastique, elle l'écoutait en silence, et pas une femme n'avait plus de respect pour l'érudition de son mari. Mais s'il s'agissait de ses affaires domestiques, ou d'objets à la portée d'un esprit naturellement juste, ses vues étaient plus étendues, ses observations plus sûres que celles de M. Butler. Quand elle allait dans le monde, on reconnaissait qu'elle n'avait pas tout-à-fait ce qu'on est convenu d'appeler le bon ton de la société ; mais on trouvait en elle cette politesse réelle que donnent la nature et le bon sens, un désir d'obliger que rien ne pouvait refroidir, une égalité d'humeur imperturbable, et une gaieté douce qui se communiquait à tout ce qui l'entourait : malgré les soins qu'elle donnait à l'intérieur de son ménage, elle était toujours proprement vêtue, et un étranger, arrivant chez elle, l'aurait toujours reconnue pour la maîtresse de la maison. Duncan la complimentait un jour sur cette dernière qualité : — De par tous les diables, lui dit-il, on dirait que vous avez quelque fée qui vous aide. Jamais on ne voit personne nettoyer votre maison, et toujours on la trouve propre !

— On peut faire bien des choses quand on sait prendre son temps, lui répondit-elle.

— Vous devriez bien apprendre ce secret à nos paresseuses de servantes de la Loge. Je ne m'aperçois qu'elles nettoient, que lorsque je me heurte les jambes contre un balai qu'elles laissent traîner.

Nous n'avons pas besoin de dire que le fromage de Dunlop promis au duc ne fut pas oublié, et il fut trouvé si bon qu'il devint une sorte de redevance annuelle que la reconnaissance de Jeanie se faisait un plaisir de payer à son bienfaiteur. Elle n'oublia pas non plus les services qu'elle avait reçus de mistress Glass et de mistress Bickerton, et entretint une correspondance amicale avec ces deux excellentes femmes.

Mais ce qu'il est surtout nécessaire d'apprendre à nos lecteurs, c'est que dans le cours de cinq ans mistress Butler donna le jour à trois enfans, d'abord deux garçons qui furent nommés David et Reuben, ordre de nomenclature qui donna beaucoup de satisfaction à l'ancien héros du Covenant; et enfin une fille aux yeux bleus, aux cheveux blonds, qui promettait d'être charmante, et qui, d'après les instantes prières de sa mère, reçut le nom d'Euphémie, quoique un peu contre le gré de Deans et de Butler; mais ils aimaient tous deux Jeanie trop tendrement, et elle avait eu trop de part au bonheur dont ils jouissaient maintenant, pour lui rien refuser de ce qu'elle pouvait désirer. Cependant, comme la coutume en Écosse est d'adopter une abréviation pour tous les noms de baptême, quoique Effie fût ordinairement substitué à Euphémie, on s'habitua, sans chercher à s'en rendre raison, à lui donner le nom de Fémie.

Mistress Butler vivait ainsi dans un état de félicité paisible et sans ostentation, que rien ne paraissait troubler, si ce n'est les petites tracasseries auxquelles la vie la plus tranquille est toujours sujette. Son bonheur n'était pourtant point parfait, il y avait deux choses qui y mettaient obstacle.—Sans cela, disait-elle à la personne de qui nous tenons ces détails, j'aurais été trop heureuse, et il était peut-être utile que j'eusse quelques croix à porter pendant cette vie, afin de rappeler à mon souvenir celle qui doit lui succéder.

Son premier sujet de chagrin provenait de certaines escarmouches polémiques entre son père et son mari, qu'elle craignait toujours de voir dégénérer en guerre ouverte, malgré l'estime et l'affection qu'ils avaient l'un pour l'autre. David Deans, comme nos lecteurs le savent, était intraitable en fait d'opinions, et s'étant décidé à devenir un membre de la session ecclésiastique (1) sous l'Église établie, il se sentait doublement obligé de prouver que par là il n'avait compromis en rien ses déclarations, soit par la pratique, soit en principe. Or M. Butler, en rendant justice au motif de la conduite de son beau-père, pensait qu'il était plus sage de garder le silence sur les points minutieux de doctrine, et de tâcher de réunir tous les esprits qui étaient de bonne foi dans leurs religions. D'ailleurs, comme homme et comme lettré, il n'aimait pas les leçons continuelles d'un beau-père d'une instruction bornée; et comme ministre il ne se souciait pas de vivre sous la férule d'un des Anciens de son presbytère. Une fierté qui prenait

(1) *Kirk-session*, ou presbytère. Dans la hiérarchie presbytérienne, c'est un tribunal qui juge en première instance, et dont on peut appeler à l'assemblée générale. Le presbytère se compose d'un nombre mêlé de ministres et de juges laïques appelés Anciens. Voyez les notes de *Waverley*. — Éd.

sa source dans un principe d'honneur lui faisait même porter quelquefois l'opposition aux idées de son beau-père un peu plus loin qu'il ne l'aurait fait s'il n'eût été animé par ce sentiment. Si je lui cède en toute occasion, pensait-il, mes confrères croiront que je le flatte à cause de sa succession, et cependant il y a plus d'un point sur lequel je ne puis lui céder. Jamais je ne persécuterai de vieilles femmes comme sorcières, et jamais je n'occasionerai de scandale dans ma paroisse, en cherchant à soulever le voile qui peut couvrir les faiblesses des jeunes filles.

Il arrivait de cette différence d'opinion que, dans certaines questions délicates, David accusait souvent son gendre de tolérance coupable, de relâchement dans la discipline, et d'indifférence quand il s'agissait d'être sévère et de protester contre les apostasies et les scandales du temps, ou d'exiger une explication franche sur des matières controversées : quelquefois l'aigreur se glissait dans la dispute. Alors mistress Butler était un ange médiateur, cherchant plutôt à excuser qu'à défendre les deux partis.

Elle rappelait à son père que Butler n'avait pas comme lui l'expérience de ces temps d'épreuve, où les saints étaient dédommagés de leurs persécutions ici bas, par le don de voir dans l'avenir. Elle convenait que maints pieux ministres et fidèles croyans avaient reçu des révélations directes, tels que le bienheureux Peden, Lundie, Caméron, Renwick, John Caird le chaudronnier, qui étaient admis à tous les secrets de la foi, et Élisabeth Melvil, lady Culross, qui pria dans son lit entouré d'un grand nombre de chrétiens, et cela pendant trois heures, avec une grace miraculeuse ; lady

Robertland, qui obtint six gages de la grace, plusieurs autres encore, et surtout un John Scrimgeour ministre de Kinghorn, qui, ayant un enfant malade à la mort, eut la liberté de témoigner à son divin maître un déplaisir si impatient et si amer, qu'enfin il lui fut dit qu'il avait été exaucé cette fois, mais qu'il ne devait plus être si hardi à l'avenir. En effet, à son retour il trouva son enfant bien portant, assis sur son lit et mangeant sa soupe; ce même enfant qu'il avait laissé à la veille d'expirer. Mais, disait Jeanie, quoique ces choses pussent être vraies dans ces époques pénibles, je crois que les ministres qui n'ont pas vu ces miséricordes spéciales doivent consulter les règles des anciens temps. Aussi Reuben étudie-t-il les écritures et les livres des anciens justes: quelquefois il peut bien arriver que deux saints précieux soient d'avis différent, comme deux vaches tirant l'une à gauche et l'autre à droite en mangeant la même botte de foin.

A cela David répondait ordinairement avec un soupir: — Ah! ma fille, tu comprends peu de chose à cela; mais ce même John Scrimgeour qui ouvrait les portes du ciel comme avec le canon et un boulet de six livres, souhaitait dévotement que l'on brûlât la plupart des livres, excepté la Bible. Reuben est un bon et brave garçon: — j'ai toujours dit cela; — mais quand il s'oppose à faire une enquête contre le scandale donné par Margery Kitklesides et Rory Mac Rand, sous prétexte qu'ils ont raccommodé leur péché par le mariage, Butler agit contre la discipline chrétienne de l'Église, et puis il y a cette Ailie Mac-Clure de Deepheugh, qui pratique ses abominations, disant la bonne aventure aux gens avec des coquilles d'œuf, des os de mouton, des rêves et des divinations! C'est un scandale pour une terre chrétienne de laisser vivre une sorcière pareille : je le soutiendrai dans toutes les judicatures civiles ou ecclésiastiques.

— Je crois bien que vous avez raison, mon père (c'était le style général des réponses de Jeanie); mais venez dîner à la manse aujourd'hui, nos bambins, pauvres petits, languissent de voir leur grand-papa, et Reuben ne dort jamais bien, ni moi non plus, quand vous avez quelque querelle ensemble.

— De querelle, pas du tout, Jeanie ; Dieu me préserve de me quereller avec lui ou avec tout ce qui t'est cher, ma fille ! — et David, mettant son habit de dimanche, se rendait à la manse.

Avec son mari, mistress Butler allait plus directement à son but de conciliation. Reuben avait le plus grand respect pour les motifs du vieillard, une véritable affection pour sa personne, et la plus vive reconnaissance pour son ancienne amitié. Aussi dans ces occasions d'irritation accidentelle, il ne fallait que lui rappeler délicatement l'âge de son beau-père, son éducation bornée, ses préjugés enracinés et ses malheurs domestiques. Ces dernières considérations ramenaient Butler à des sentimens de conciliation, pourvu qu'il pût céder sans compromettre ses principes. C'est ainsi que notre héroïne, simple et sans pretention, avait le mérite de ces conciliateurs qui sont annoncés comme une bénédiction sur la terre.

La seconde croix de mistress Butler, pour parler le langage de son père, c'était que, quoique quatre à cinq ans se fussent écoulés depuis sa dernière entrevue avec sa sœur dans l'île de Roseneath, elle ignorait absolument si elle était heureuse et dans quelle situation elle se trouvait. Dans leur position respective, on ne pouvait espérer, peut-être même ne devait-on pas désirer une correspondance bien active, mais Effie lui avait promis de lui donner de ses nouvelles, si elle vivait, si le sort la favorisait; et, n'en recevant aucune, Jeanie en concluait ou qu'elle n'existait plus, ou qu'elle était tombée dans quelque abime de malheur. Ce silence lui paraissait du plus mauvais augure, et lui donnait les plus vives inquiétudes sur la destinée de cette sœur chérie. Le voile qui la couvrait se déchira enfin.

Un jour que le capitaine de Knockdunder était venu à la manse, après avoir fait une absence de quelques jours, lorsqu'on lui eut servi, sur sa demande, un mélange de lait, d'eau-de-vie et de miel, qu'il prétendait que mistress Butler préparait mieux qu'aucune femme en Écosse, — A propos, ministre, dit-il à Butler, j'ai trouvé à la poste, à Glasgow, une lettre pour votre excellente femme. Le port est de quatre sous, voulez-vous les jouer quitte ou double au trictrac?

Le trictrac et les dames étaient l'amusement favori de M. Whackbairn, principal de l'école de Libberton, où Butler avait vécu si long-temps comme sous-maître. Le ministre se piquait d'une certaine force à ces deux jeux, et sa conscience ne lui faisait aucun reproche de se livrer de temps en temps à un délassement qu'il regardait comme innocent. Mais celle de Deans était plus sévère, et il poussait des soupirs qu'on aurait pu prendre pour des gémissemens quand il voyait les enfans s'amuser avec les tables de jeux dans le salon, ou les dames et les dés. Plus d'une fois mistress Butler avait voulu placer ces objets, si odieux aux regards de son père, dans quelque chambre ou quelque coin moins apparent : —Laissez-les où ils sont, disait alors Butler. Je n'ai point à me reprocher que ces amusemens innocens en eux-mêmes me fassent négliger des devoirs plus importans. Je ne veux donc pas qu'on puisse supposer que je me livre en secret, et par conséquent contre ma conscience, à une récréation qui n'a rien de criminel, et que je puis me permettre de temps en temps ouvertement. *Nil conscire sibi*, Jeanie ; telle est ma devise. Cela signifie, ma chère amie, qu'un homme agit avec confiance, et franchise, quand sa conscience ne lui reproche rien.

Tels étant les principes de Butler, il accepta le défi du capitaine, et remit à sa femme la lettre qui lui était adressée, après lui avoir fait observer qu'elle portait le timbre d'York, mais que l'adresse ne paraissait pas de l'écriture de son amie mistress Bickerton, à moins qu'elle n'eût fait de grands progrès dans l'art d'écrire, ce qui ne paraissait pas probable, à son âge.

Laissant Duncan et son mari occupés de leur partie de trictrac, mistress Butler alla donner quelques ordres pour le souper, le capitaine ayant annoncé qu'il passerait la nuit au presbytère. Elle ouvrit négligemment la lettre ; mais elle n'eut pas plus tôt lu les premières lignes, qu'elle courut s'enfermer dans sa chambre à coucher pour la lire.

CHAPITRE XLVIII.

» Le bonheur t'a souri, sois heureuse toujours
  Garde toi d'envier ma fortune précaire,
» C'est a moi d'envier le calme de tes jours,
  » Et ta si modeste chaumière »

Anonyme

Cette lettre ne portait d'autre signature que la lettre E; elle était bien d'Effie. Cependant ni l'ecriture, ni l'orthographe, ni le style, n'auraient pu faire reconnaître qu'elle avait été écrite par Effie, dont l'éducation n'avait pas été plus brillante que celle de Jeanie, et qui en avait moins bien profité.

Cette lettre était écrite en caractères appelés écriture italienne, bien tracés, quoique un peu roides. — L'orthographe et le style indiquaient une personne qui avait fait de bonnes lectures, et vivant dans la haute société; voici quelle en était la teneur.

« Ma très-chère sœur,

« Je me hasarde à vous écrire, à tous risques, pour vous informer que je suis vivante, et que je jouis dans le monde d'un rang beaucoup plus élevé que je ne le méritais et que je ne pouvais l'espérer. Si la fortune, les distinctions, les honneurs, pouvaient rendre une femme heureuse, il ne me manquerait rien. Mais vous, Jeanie, vous qui, aux yeux du monde, pouvez paraître bien au-dessous de moi, vous êtes bien plus heureuse !

» J'ai eu le moyen d'avoir de vos nouvelles de temps en temps, ma chère Jeanie; je crois que sans cela mon cœur se serait déchiré. J'ai appris avec grand plaisir que vous êtes entourée d'une charmante petite famille. Nous n'avons pas le même bonheur. La mort nous a enlevé successivement deux enfans, et il ne nous en reste aucun. Que la volonté de Dieu s'accomplisse! Si nous en avions un, peut-être sa vue dissiperait-elle les sombres pensées qui *le* tourmentent sans cesse, et qui *le* rendent si terrible pour lui et pour les autres. Que cela ne vous effraie pourtant point, Jeanie; *il* est toujours plein de tendresse pour moi, et je suis beaucoup plus heureuse que je ne le mérite.

» Vous ne reconnaîtrez pas mon écriture, Jeanie; j'ai fait bien d'autres progrès. J'ai eu les meilleurs maîtres en pays étranger, et j'ai beaucoup travaillé parce que je voyais que cela *lui* faisait plaisir. Il est véritablement bon, mais il a plus d'un sujet de chagrin, quand il porte ses regards en arrière. Pour moi, quand je songe au passé, j'ai toujours une lueur de consolation; et je la dois à la conduite généreuse de ma sœur, qui ne m'a pas abandonnée quand tout le monde me délaissait. Le ciel vous en a récompensée. Vous vivez heureuse, aimée et estimée de tous ceux qui vous connaissent, et je mène une vie misérable, ne devant la considération qu'on m'accorde qu'à un tissu de mensonges et d'impostures que le moindre accident peut découvrir. Depuis qu'il a recueilli la succession de son père et celle de son oncle, il m'a présentée à ses amis comme fille d'un Ecossais de grande condition, obligé de s'expatrier lors des guerres du vicomte de Dundee; — c'est le vieil ami de notre P...e Clavers (1): vous savez? Il dit que j'ai été élevée dans un couvent d'Écosse, ce que mon accent rend assez vaisemblable. Mais quand un de mes concitoyens vient à me parler des familles qui prirent part aux guerres de Dundee, et me fait quelques questions sur la mienne, quand je le vois attendre ma réponse, les yeux fixés sur les miens, je ne sais comment la terreur que j'éprouve ne dévoile pas sur-le-champ la vérité; je ne me suis sauvée jusqu'ici que grace à la politesse et au savoir-vivre, qui empêchent qu'on ne me presse de questions trop embarrassantes. Mais combien cela durera-t-il? et si je fais découvrir qu'*il* a cherché à cacher l'origine véritable de son épouse, ne me haïra-t-il pas? Il me tuerait, je crois, car il est maintenant aussi jaloux de l'honneur de sa famille qu'il s'en souciait peu autrefois.

» Je suis en Angleterre depuis quatre mois. J'ai souvent songé à vous écrire; mais il peut résulter tant de dangers d'une lettre interceptée, que je n'ai pas osé le faire jusqu'ici. Me voici enfin obligée d'en courir le

(1) Effie explique ici qu'il s'agit de Claverhouse, ou Clavers par abréviation, comme l'appelaient ses *amis* en Écosse — Éd

risque. La semaine dernière, je vis votre grand ami le D. d'A.; il vint dans ma loge au spectacle, il s'assit près de moi. Quelque chose dans la pièce vous rappela à son souvenir. Juste ciel! il conta toute l'histoire de votre voyage à Londres à tous ceux qui étaient dans la loge, et particulièrement à la malheureuse créature qui en avait été la cause. S'il avait su, s'il avait pu se douter près de qui il était assis, à qui il contait cette aventure! Je souffris avec courage, comme le prisonnier indien lié au fatal poteau supporte les horribles tortures de son supplice, et sourit quand ses bourreaux inventent quelque nouveau tourment. Mais enfin je n'y pus plus tenir, je m'évanouis; on attribua cet accident à la chaleur qui régnait dans la salle et à un excès de sensibilité, et je fus assez hypocrite pour confirmer cette double erreur. La découverte de la vérité était ce qu'il y avait de plus redoutable. Heureusement *il* n'y était pas. Mais cet incident m'a causé de nouvelles alarmes. Je rencontre souvent votre D. d'A., et il me voit rarement sans me parler d'E. D., de J. D., de R. B., et de D. D., comme de personnes auxquelles mon aimable sensibilité s'est intéressée. Mon aimable sensibilité! Et ce ton de légèreté avec lequel les gens du grand monde parlent des choses les plus touchantes!... Entendre parler de mes fautes, de mes folies, des faiblesses de mes amis, même de votre résolution héroïque, Jeanie, avec cet air d'insouciance qui est à la mode aujourd'hui! A peine tout ce que j'ai souffert peut-il se comparer à cet état d'irritation continuelle! Alors je n'avais à craindre qu'un seul coup, maintenant il faut mourir à coups d'épingles.

« Il (je veux dire le D) doit partir le mois prochain

pour l'Écosse, et y passer la saison des chasses. Il m'a dit qu'à tous ses voyages il ne manque jamais de dîner une fois à la manse. Soyez bien sur vos gardes, et ne vous trahissez pas s'il venait à parler de moi. Hélas! vous ne pouvez pas vous trahir, vous n'avez rien à craindre. C'est votre E. dont la vie est encore une fois entre vos mains, c'est cette E. qu'il ne faut pas que vous laissiez dépouiller des fausses plumes dont on l'a parée, et peut-être par celui-là même qui a été la cause première de son élévation.

» Vous recevrez deux fois par an la valeur du billet ci-inclus. Ne me refusez pas, Jeanie; c'est mon superflu, et je pourrais au besoin vous en envoyer le double : cet argent peut vous servir, à moi il m'est inutile.

» Ne tardez pas à m'écrire, Jeanie, ou je serais dans de mortelles appréhensions que ma lettre ne fût tombée en des mains étrangères. Adressez-moi votre réponse à L. S., sous l'enveloppe du révérend Georges Whiterose, dans Minster-Close, à York : M. Whiterose croit que je corresponds avec un de mes nobles parens jacobites en Écosse. Comme le feu du zèle épiscopal et sa politique enflammerait ses joues, s'il savait qu'il est l'agent non d'Euphémie Setoun de l'illustre famille de Winton, mais d'E. D., fille d'un marchand de bestiaux caméronien! — Je puis encore rire quelquefois, Jeanie; mais que le ciel vous préserve de jamais rire ainsi! — Mon père (c'est-à-dire votre père) dirait que c'est le bruit de quelques branches d'épines, — qu'on jette au feu, mais qui n'en conservent pas moins tous leurs piquans.

» Adieu, ma chère Jeanie ; — ne montrez cette lettre a personne, pas même à M. Butler, à lui moins qu'a tout autre. — Je suis pleine de respect pour lui, mais ses principes sont trop rigoureux, et mes blessures exigent une main bien douce. Je suis votre affectionnée sœur, E. »

Il y avait dans cette longue lettre de quoi surprendre et de quoi chagriner mistress Butler. Qu'Effie, que sa sœur Effie vécût dans le grand monde, et en apparence sur un pied d'égalité avec le duc d'Argyle, lui semblait une chose si extraordinaire qu'elle ne pouvait croire qu'elle eût bien lu. Il n'était pas moins merveilleux qu'elle eût fait tant de progrès en quatre ou cinq ans. L'humilité de Jeanie reconnaissait sans peine qu'Effie avait toujours eu plus de dispositions qu'elle; mais elle avait aussi été moins appliquée, et par conséquent elle avait moins profité du peu qu'on avait cherché à leur apprendre. Il paraissait pourtant que l'amour, la crainte ou la nécessité avaient été pour elle d'excellens maîtres, et qu'elle en avait parfaitement profité.

Ce qui plaisait le moins à Jeanie dans cette lettre, c'est qu'elle lui paraissait principalement dictée par un esprit d'égoïsme. Je n'en aurais pas entendu parler, pensa-t-elle, si elle n'avait craint que le duc n'apprît ici qui elle est, et quelle est sa parenté. Je n'ai pas envie de garder son argent, ajouta-t-elle en ramassant un billet de banque de cinquante livres sterling qui était tombé de la lettre; je n'en manque point, et il semblerait qu'elle a voulu acheter mon silence : elle doit bien savoir que pour tout l'or de Londres je ne voudrais rien dire à son préjudice. Il faut que j'en parle au ministre. Elle a beau craindre son mari, ne dois-je pas autant de respect et de confiance au mien ? Oui, je lui en parlerai demain, dès que le capitaine sera parti. — Mais qu'est-ce donc qui se passe dans mon esprit? dit-elle après avoir fait quelques pas pour aller rejoindre la compagnie; est-ce que je serais assez folle pour avoir de l'humeur de ce qu'Effie est devenue une grande dame, tandis que je ne suis que la femme d'un ministre?

Elle s'assit sur une chaise au pied de son lit; croisant ses bras sur sa poitrine, elle résolut de rester seule jusqu'à ce qu'elle eût pénétré dans tous les replis de son cœur, et qu'elle en eût banni tous les sentimens qui ne lui paraissaient pas convenables. Il ne lui fallut pas de longs efforts. Elle fut bientôt maîtresse du mouvement d'amour-propre dont elle avait été agitée un instant en voyant qu'Effie semblait rougir de sa famille; elle ne songea plus qu'au bonheur de savoir qu'une sœur qu'elle chérissait tant, pour qui elle avait tant fait, qu'elle avait craint de voir tomber dans le besoin, dans la misère, peut-être dans le crime, était maintenant dans l'abondance, dans la prospérité, jouissait de l'estime et de la considération du monde; enfin elle sentit de quelle importance il était pour son bonheur que son secret fût bien gardé, puisque la connaissance de la famille d'Effie pouvait conduire à la découverte que Staunton n'était autre que ce fameux Robertson, si long-temps et si inutilement cherché.

Elle rentra dans le petit salon à l'instant où son mari et le capitaine venaient de finir leur partie de trictrac, et elle entendit celui-ci confirmer la nouvelle que la lettre de sa sœur venait de lui apprendre..... l'arrivée prochaine du duc d'Argyle dans l'île de Roseneath.

— Il trouvera beaucoup de grouses et de coqs de bruyères dans les plaines d'Auchingower, dit Duncan,

— probablement il viendra dîner ici, et prendre un lit à la manse, suivant son usage.

— Il y a bien droit, capitaine, dit Jeanie.

— Il a droit à tous les lits du pays, de par tous les diables! s'écria le capitaine. Mais dites à votre bonhomme de père de tenir toutes ses bêtes en bon ordre, car le duc voudra les voir; et conseillez-lui de faire sortir de sa cervelle, pour un jour ou deux, toutes ses sornettes caméroniennes, si cela lui est possible : quand je lui parle de ses bestiaux, il me répond par un passage de la Bible, et cela n'est pas honnête, à moins qu'on ne porte votre habit, M. Butler.

Jeanie vit que Duncan avait de l'humeur; mais personne ne connaissait mieux qu'elle l'art de désarmer la colère par la douceur, et elle se contenta de lui répondre en souriant qu'elle espérait que Sa Grace trouverait que son père avait répondu à la confiance qui lui avait été accordée.

Mais le capitaine, qui avait perdu le port de la lettre au tric-trac, et qui n'aimait point à perdre, était en disposition de quereller; et se tournant vers Butler : — M. Butler, lui dit-il, vous savez que je ne me mêle pas beaucoup de vos affaires d'Église, mais vous me permettrez de vous dire que je trouverai fort mauvais que vous laissiez punir comme sorcière la vieille Ailie Mac-Clure, attendu qu'elle n'a jeté de sort sur personne, qu'elle n'a rendu aucun de nos hommes aveugle, boiteux, ni possédé du diable, mais qu'elle se borne à dire la bonne aventure, à prédire à nos pêcheurs combien ils prendront de veaux marins et de chiens de mer, etc.; ce qui est fort amusant à entendre.

— Ce n'est pas comme sorcière, dit Butler, qu'elle a été sommée de comparaître devant le presbytère; c'est uniquement pour l'avertir de cesser à l'avenir des pratiques et des impostures qui n'ont d'autre but que de tromper les ignorans et de leur escroquer de l'argent.

— Je ne sais quelles sont ses pratiques et ses impostures, répliqua Duncan, mais je sais qu'on se propose de la prendre quand elle sortira de l'assemblée, et de lui donner un bain dans le lac. De par tous les diables! je serai au presbytère, et nous verrons qui sera en mauvaise posture.

Sans faire attention à cette sorte de menace, Butler répondit qu'il ignorait un projet si cruel contre cette pauvre femme, et que pour empêcher son exécution, il lui ferait donner cet avis en particulier, au lieu de la faire paraître devant le tribunal ecclésiastique.

— C'est parler en homme raisonnable, dit Duncan : et le reste de la soirée se passa paisiblement.

Le lendemain matin, après que le capitaine eut fait sa libation du matin avec le liquide appelé le bouillon d'Athole, il partit dans son équipage à six chevaux. Jeanie réfléchit alors de nouveau si elle devait communiquer à son mari la lettre de sa sœur. Elle ne pouvait le faire sans le mettre dans la pleine et entière confidence de la situation d'Effie. Butler ne pouvait douter qu'elle ne fût partie avec ce Robertson qui avait été le principal auteur de la mort de Porteous, et qui même, avant cet événement, était sous le coup d'une condamnation à mort pour vol; mais il ignorait que ce Robertson ne fût autre que Georges Staunton, homme de qualité, qui avait repris son rang dans le monde. Jeanie savait qu'elle pouvait compter sur la discrétion de son mari, mais le secret qu'il s'agissait de lui découvrir ne lui appartenait point, et elle se détermina à garder le silence.

En relisant cette lettre, elle ne put s'empêcher de remarquer combien est glissante la situation précaire de ceux qui, s'étant élevés par des voies obliques, ne peuvent se maintenir qu'à force de subterfuges et de mensonges dans l'élévation où ils sont parvenus, et ont toujours à craindre d'en être précipités. A la place de sa sœur, elle aurait préféré la retraite à la dissipation du monde; mais peut-être n'était-elle pas libre du choix. Elle ne pouvait lui renvoyer le billet de cinquante livres sans paraître coupable d'une fierté déplacée; elle résolut donc de le garder, et d'employer le montant pour donner à ses enfans une éducation plus soignée que ses propres moyens ne lui auraient permis de le faire. C'était le superflu de sa sœur, il était naturel qu'elle trouvât du plaisir à lui en faire part; Jeanie en aurait fait autant à sa place; un refus déguisé sous le nom de délicatesse ne serait donc qu'un véritable mouvement d'orgueil.

Elle répondit à Effie pour lui annoncer qu'elle avait reçu sa lettre, et la pria de lui envoyer de ses nouvelles le plus souvent possible. En lui donnant des détails sur ses affaires domestiques, elle éprouvait une singulière vacillation dans ses idées, car tantôt elle pensait qu'elle lui parlait de choses peu dignes d'occuper l'attention d'une grande dame, et tantôt il lui semblait que tout ce qui la concernait devait avoir de l'intérêt pour sa sœur. Sa lettre, adressée au révérend M. Whiterose, fut mise à la poste à Glascow par un habitant de la paroisse qui avait affaire en cette ville.

La semaine suivante vit arriver le duc d'Argyle à

Roseneath, et il ne tarda pas à annoncer son intention d'aller coucher à la manse après avoir chassé dans les environs, honneur qu'il avait déjà fait une ou deux fois à M. et à mistress Butler.

Effie ne s'était pas trompée dans ses conjectures. A peine le duc fut-il assis à la droite de mistress Butler, et eut-il commencé à découper lui-même une volaille, choisie pour lui dans toute la basse-cour, qu'il se mit à parler de lady Staunton de Willingham dans le Lincolnshire, et du bruit que son esprit et sa beauté faisaient à Londres depuis quelques mois.

Ce discours n'était pas tout-à-fait imprévu pour Jeanie; mais l'esprit d'Effie! c'est ce qui ne serait jamais entré dans son imagination. Elle ignorait combien il est facile à une femme jeune et jolie d'obtenir dans le grand monde une réputation d'esprit avec des manières qu'on trouverait impertinentes dans un rang inférieur.

— Elle a été tout l'hiver la beauté à la mode, dit le duc, l'astre qui éclipsait tous les autres, l'objet de tous les hommages. C'était réellement la plus jolie femme qui fût à la cour le jour anniversaire de la naissance de Sa Majesté.

Effie à la cour, et le jour de la naissance de Sa Majesté! Jeanie était anéantie en se rappelant les circonstances extraordinaires de sa présentation à la reine, et la cause qui y avait donné lieu.

— Je vous parle de cette dame, mistress Butler, continua le duc, parce que je trouve dans le son de sa voix, dans son air, dans l'ensemble de sa physionomie, quelque chose qui rappelle votre souvenir. Non pas lorsque vous êtes pâle comme en ce moment... Vous vous serez trop fatiguée ce matin. Il faut que vous me fassiez raison de ce verre de vin.

Elle accepta le verre qu'il lui offrait, et Butler remarqua, en souriant, que dire à la femme d'un pauvre ministre qu'elle ressemblait à une beauté de la cour, c'était une flatterie dangereuse.

— Oh! oh! M. Butler, s'écria le duc, je crois que vous devenez jaloux. C'est vous y prendre un peu tard. Vous savez qu'il y a long-temps que je suis un des admirateurs de votre femme. Mais sérieusement il existe entre elles une de ces ressemblances inexplicables que nous trouvons quelquefois dans des figures dont les traits détaillés n'ont rien de semblable.

Mistress Butler sentit qu'il paraîtrait singulier qu'elle continuât à garder le silence, et elle fit un effort sur elle-même pour dire que cette dame était peut-être une compatriote, et que l'accent du pays pouvait aider à la ressemblance que Sa Grace avait cru remarquer.

— Vous avez raison, reprit le duc, elle est Écossaise; elle a l'accent écossais, et elle laisse échapper quelquefois une expression provinciale qui, dans sa jolie bouche, est tout-à-fait dorien (1), M. Butler.

— J'aurais cru, dit Butler, que cela aurait paru vulgaire, trivial dans la grande ville.

— Point du tout, répondit le duc. Il ne faut pas vous imaginer qu'elle parle l'écossais grossier qu'on entend

(1) Il est inutile de rappeler au lecteur classique que le dialecte dorique ou dorien était celui de tous les dialectes grecs qui admettait le plus de termes étrangers ou provinciaux cette épithète est d'une application très-juste quand on entend parler une jolie femme de province avec l'accent et les locutions du pays natal.

Lp.

dans *Cowgate* à Edimbourg ou dans les *Gorbals* (1); le peu d'expressions écossaises dont elle fait usage sont du meilleur goût; c'est le pur écossais de la cour qu'on parlait encore dans ma jeunesse; mais il est si peu d'usage aujourd'hui, qu'il a l'air d'un dialecte différent de notre patois moderne.

Malgré son inquiétude, Jeanie ne put s'empêcher de sourire en voyant combien ceux qui devraient être les meilleurs juges peuvent se laisser tromper quand ils sont aveuglés par la prévention.

— Elle appartient, continua le duc, à l'une des meilleures maisons d'Écosse, à la malheureuse famille de Winton; mais, ayant perdu ses parens fort jeune, à peine connaît-elle sa généalogie, et c'est moi qui lui ai appris qu'elle descend de Setouns de Windigoul. J'aurais voulu que vous vissiez avec quelle grace elle rougissait de son ignorance. Au milieu de ses manières nobles et élégantes, on remarque quelquefois une teinte de timidité, de modestie rustique, si j'ose parler ainsi, qui est la suite de son long séjour dans un couvent, et qui la rend tout-à-fait charmante. On reconnaît sur-le-champ, M. Butler, la rose vierge qui a fleuri dans la chaste enceinte du cloître.

— Oui, dit Butler,

Ut flos in septis secretus nascitur hortis etc.

Sa femme pouvait à peine se persuader que ce fût d'Effie qu'on parlât ainsi, et que ce fût un aussi bon juge que le duc d'Argyle qui s'exprimât de cette ma-

(1) Faubourg de Glascow. — Éd.

nière. Si elle avait connu Catulle, elle aurait pensé que la fortune avait fait choix de sa sœur pour donner un démenti au passage cité par Butler.

Elle se détermina pourtant à s'indemniser des inquiétudes qu'elle éprouvait, en obtenant le plus de renseignemens qu'il lui serait possible. Elle fit donc au duc quelques questions sur le mari de cette dame.

— C'est un homme très-riche, répondit le duc, d'une ancienne famille, qui a tout ce qu'il faut pour plaire, mais qui est bien loin d'y réussir comme sa femme. On prétend qu'il peut être fort agréable en société ; je ne l'ai jamais trouvé tel. Il m'a toujours paru d'une humeur sombre, réservée, capricieuse. Il paraît avoir une mauvaise santé, et l'on dit qu'il a eu une jeunesse fort orageuse ; cependant c'est, au total, un jeune homme de bonne mine. Un grand ami de votre lord grand commissaire de l'Église (1), M. Butler.

— Il est donc l'ami d'un digne et respectable seigneur, dit Butler.

— Regarde-t-il sa femme des mêmes yeux que les autres ? demanda Jeanie presque à voix basse.

— Qui ? sir Georges ? On dit qu'il l'aime beaucoup. Quant à moi, j'ai remarqué qu'en certains momens, quand il la regarde, elle semble trembler ; et ce n'est pas un bon signe. Mais il est étrange combien je suis frappé par cette ressemblance de physionomie et de son de voix qui existe entre elle et vous. On jurerait presque que vous êtes sœurs.

Il devint impossible à mistress Butler de cacher plus

---

(1) Le noble chargé de présider au nom du roi la convocation annuelle de l'assemblée générale du clergé presbytérien. — Éd.

-long-temps son embarras. Le duc s'en aperçut, et l'attribua en ce qu'en prononçant ce mot de sœur il avait, sans y penser, rappelé à son souvenir ses chagrins de famille. Il avait trop d'esprit et d'usage pour faire des excuses de sa distraction ; mais il s'empressa de changer de conversation, et s'occupa à régler quelques sujets de contestation qui existaient entre le ministre et Duncan de Knockdunder, reconnaissant que son digne substitut était quelquefois trop opiniâtre dans ses opinions, et trop énergique dans ses mesures exécutives.

— Il est vrai, dit Butler ; et quoique je lui rende la justice qu'il mérite sur tout autre point, je sais que bien des gens dans la paroisse pourraient lui appliquer les paroles du poète à Marrucinus Asinius :

Manu
Non belle uteris in joco atque vino

La conversation n'ayant plus roulé que sur des affaires de paroisse, nous ne croyons pas qu'elle puisse intéresser plus long-temps nos lecteurs.

CHAPITRE XLIX.

« A quoi bon sur ma tête ont-ils mis la couronne
» A quoi bon dans mes mains le sceptre qu'on me donne?
» Un étranger viendra les arracher un jour
» Et je n'ai point de fils qui les porte à son tour! »

MACBETH.

Depuis ce temps les deux sœurs, en prenant les plus grandes précautions pour que leur correspondance ne pût être découverte, continuèrent à s'écrire environ deux fois par an. Les lettres de lady Staunton annonçaient toujours que la santé et l'esprit de son mari étaient dans un état fâcheux. Elle n'avait pas d'enfans, et c'était un des sujets sur lesquels elle s'étendait ordinairement davantage. Sir Georges Staunton, d'un caractère toujours violent, avait conçu une sorte d'aversion pour un parent assez éloigné qui devait naturellement hériter après lui du domaine de Willingham, et qu'il soupçonnait de lui avoir rendu autrefois de mauvais services auprès de son père et de son oncle ; et il avait juré qu'il léguerait tous ses biens à un hôpital plutôt que de souffrir qu'il en possédât jamais la moindre partie.

— S'il avait un enfant, disait la malheureuse femme, si du moins celui dont la destinée nous est inconnue vivait encore, ce serait un lien qui l'attacherait à la vie ; mais le ciel nous a refusé une consolation que nous ne méritons point.

De telles plaintes, variées quant à la forme, mais roulant souvent sur le même sujet, remplissaient toutes les lettres qui partaient du triste et vaste château de Willingham pour le tranquille et heureux presbytère de Knocktarlity. Cependant les années s'écoulaient. Le duc d'Argyle mourut en 1743, universellement regretté, surtout par les Butlers, pour lesquels il avait été le plus généreux bienfaiteur. Comme il ne laissait pas d'enfans mâles, son titre et ses biens passèrent à son frère Archibald, qui continua à leur accorder la bienveillance dont son frère leur avait donné tant de preuves, mais avec lequel ils ne furent jamais dans la même intimité. La protection de ce seigneur leur devint même plus nécessaire que jamais ; car, après la rébellion de 1745 et la dispersion des révoltés, la tranquillité du pays fut troublée par des vagabonds et des maraudeurs qui vinrent se réfugier sur les confins du pays des montagnards, où ils trouvaient des retraites dans lesquelles il n'était facile ni de les poursuivre ni de les surprendre, et d'où ils exerçaient des brigandages dans les environs, aujourd'hui si paisibles, de Perth, de Stirling et de Dumbarton.

Le plus grand fleau de la paroisse de Knocktarlity était un certain Donacha Dhu, ou Dunaigh, ou le noir

Duncan-le-Mauvais, dont nous avons déjà dit un mot. Ce bandit avait été autrefois un chaudronnier ambulant; mais quand une guerre civile s'alluma, il renonça à cette profession, et de demi-voleur devint tout-à-fait brigand. A la tête de trois ou quatre jeunes gens déterminés, étant lui-même actif, vigoureux, intrépide, et connaissant parfaitement les défilés des montagnes, il exerça son nouveau métier avec beaucoup de succès, et se rendit redoutable à tout le voisinage.

Chacun était convaincu que Duncan de Knockdunder aurait pu facilement mettre un terme aux déprédations de son homonyme Donacha, et s'emparer de sa personne, car il y avait dans la paroisse plusieurs jeunes gens de bonne volonté qui, ayant servi dans la guerre civile, sous les bannières du duc d'Argyle, s'y étaient distingués, et n'auraient pas demandé mieux que de contribuer à en délivrer le pays. Comme on savait que Duncan, qui aurait dû leur servir de chef, ne manquait pas de courage, on supposait généralement que Donacha avait trouvé le moyen de s'assurer de sa protection tacite; ce qui n'était pas rare dans ce pays et dans ce temps. On était d'autant plus porté à le croire, qu'on avait remarqué que les bestiaux du vieux Deans étaient respectés par les voleurs, parce qu'ils étaient sur la propriété du duc, tandis qu'on enlevait une vache au ministre toutes les fois qu'on en trouvait l'occasion. Les brigands parvinrent même une fois à s'emparer de toutes celles qui lui restaient, et ils les emmenaient en triomphe, quand Butler, oubliant sa profession paisible, dans cette extrême nécessité, se mit à leur poursuite à la tête de quelques-uns de ses voisins, et réussit à leur reprendre ses bestiaux. Deans, malgré son âge très-avancé, prit part à cet exploit; monté sur un petit cheval ou poney des Highlands, et une grande claymore à sa ceinture, il se comparait (car il ne manqua pas de s'attribuer la réussite de cette expédition) à David, fils de Jessé, reprenant sur les Amalécites le butin qu'ils avaient fait. Cet acte de vigueur produisit pourtant un bon effet: Donacha, voyant qu'on osait lui résister, s'éloigna du pays, et n'y exerça plus de brigandages. Il continua cependant à s'y livrer un peu plus loin, et l'on entendit parler de temps en temps de ses hauts faits jusqu'à l'année 1751, que le destin le delivra de la crainte que lui avait inspirée le second David, car le vénérable patriarche de Saint-Léonard alla rejoindre ses ancêtres.

David Deans mourut plein d'années et d'honneur. On ne connaît pas au juste l'époque de sa naissance, mais il doit avoir vécu environ quatre-vingt-dix ans, car il parlait d'événemens arrivés du temps de la bataille de Bothwell, comme de choses dont il avait été témoin. On dit même qu'il y avait porté les armes avec les puritains. Un jour qu'un laird jacobite, pris de vin, disait qu'il voudrait trouver un Wigh du pont de Bothwell pour lui frotter les oreilles, — vous en avez un sous la main, lui dit David en fronçant le sourcil, essayez! et il fallut l'intervention de Butler pour rétablir la paix.

Deans rendit le dernier soupir entre les bras de sa fille chérie, en remerciant la Providence des bienfaits qu'il en avait reçus dans cette vallée d'épreuves, et des croix qu'elle lui avait envoyées pour mortifier l'orgueil que pouvaient lui inspirer les dons qu'elle lui avait accordés. Il pria de la manière la plus touchante pour Jeanie, pour son mari, pour leur famille, et dans une autre prière pathétique, que ne comprirent que trop bien ceux qui l'entouraient alors, il supplia le divin berger de ne pas oublier, quand il rassemblerait son troupeau, la brebis égarée qui pouvait être encore en ce moment la proie des loups ravisseurs. Après avoir aussi demandé au ciel la prospérité de la maison d'Argyle et la conversion de Duncan de Knockdunder, il se trouva épuisé, et fut hors d'état de prononcer aucune prière suivie. On lui entendit seulement murmurer les mots défections, excès de droite, erreur à gauche, etc. Mais, comme May Hettley le fit observer, sa tête n'y était plus; ces expressions n'étaient qu'une habitude automatique, et il mourut en paix avec tous les hommes, environ une heure après.

Malgré l'âge avancé de son père, cette mort fut la source d'une vive affliction pour mistress Butler. Elle était habituée à consacrer une grande partie de son temps aux soins qu'elle lui donnait, et quand le bon vieillard n'exista plus, elle crut avoir fini une partie de ce qu'elle avait à faire dans ce monde. Sa fortune disponible, qui montait à environ quinze cents livres sterling, passa aux habitans de la manse, qu'elle ne consola point de leur perte. Il fallut pourtant penser à l'emploi qu'on pourrait en faire.

— Si nous plaçons cette somme sur hypothèque, dit Butler, il en arrivera peut-être comme de l'argent que votre père a prêté au laird de Lounsbeck, dont il n'a jamais pu toucher ni intérêts ni capital. Si nous la mettons dans les fonds publics, nous devons nous souvenir de l'entreprise de la mer du Sud, dans laquelle les intéressés ont tout perdu. Le petit bien de Craigsture est à vendre; il n'est qu'à deux milles de la manse, et

Knockdunder m'assure que le duc ne pense pas à l'acheter. Mais on en demande deux mille cinq cents livres sterling, et cela ne m'étonne pas, car il les vaut bien. Tout ce qui m'embarrasse, c'est qu'il nous manquerait mille livres, et il me répugne de les emprunter, parce que d'une part le créancier pourrait redemander son argent quand nous ne serions pas prêts à le lui rendre, et que si je venais à mourir, cette dette pourrait vous mettre dans l'embarras.

— Et si nous avions cette somme, dit Jeanie, nous pourrions acheter cette belle terre où il y a de si beaux pâturages?

— Certainement, et Knockdunder, qui s'y connaît, m'y engage fortement. A la vérité c'est son neveu qui la vend.

— Eh bien, Reuben! il faut lire un verset de la Bible. Vous savez qu'on y trouve quelquefois de l'argent. Vous en souvenez-vous?

— Si je m'en souviens, Jeanie? oui, oui. Mais ce n'est pas dans ce siècle qu'on voit des miracles tous les jours.

— Il faut pourtant voir, dit mistress Butler. Et ouvrant une petite armoire dans laquelle elle gardait son miel, son sucre, ses pots de gelées, et quelques fioles de médecines pour les bestiaux, elle en tira de derrière un triple rempart de pots et de bouteilles, une vieille Bible qui avait été la compagne fidèle de David Deans dans sa jeunesse, alors qu'il avait été obligé de fuir la persécution; il l'avait donnée à sa fille quand sa vue affaiblie l'avait obligé à en choisir une imprimée en plus gros caractères. Jeanie la présenta à Butler, qui la regardait d'un air de surprise, et lui dit de voir si ce livre ne pourrait rien faire pour lui. Il en ouvrit les agrafes, et y trouva un assez grand nombre de billets de banque de cinquante livres sterling, qui y avaient été placés séparément entre les feuillets.

— Je ne comptais vous parler de mes richesses, Reuben, lui dit-elle en souriant, qu'à l'instant de ma mort ou dans quelque besoin de famille; mais je crois qu'il vaut mieux les employer à acheter ces bons pâturages, que de les laisser au fond de cette armoire.

— Et comment est-il possible que vous ayez une telle somme, Jeanie? dit Butler en comptant les billets: en voilà pour plus de mille livres!

— Quand il y en aurait pour dix mille, dit Jeanie, l'argent est entré chez nous par une bonne porte. Je ne sais pas quel en est le compte, mais c'est tout ce que j'ai. Quant à votre question, comment il est possible que j'aie une telle somme, tout ce que je puis vous dire, c'est que je l'ai eue honorablement, car c'est un secret qui ne m'appartient pas, sans quoi vous l'auriez su depuis long-temps; ainsi donc, Reuben, ne me faites pas d'autres questions, je ne serais pas libre d'y répondre.

— Répondez à une seule; cette somme est-elle à vous pour en disposer à votre gré? est-il possible que personne n'y ait droit que vous?

— Elle est à moi. J'en puis disposer, et c'est ce que j'ai déjà fait, car elle est à vous maintenant. Vous pouvez, Reuben, vous appeler Bible Butler, comme votre grand'père que mon pauvre père n'aimait pas trop. Seulement, si vous y consentez, je voudrais qu'à notre mort, Fémie en eût une bonne part.

— Ce sera comme vous le voudrez, Jeanie. Mais qui

aurait jamais fait choix d'une Bible pour y cacher des richesses terrestres ?

— C'est une de mes anciennes rubriques, comme vous dites, Reuben. J'ai pensé que si Donacha venait faire ici un coup de main, la Bible serait la dernière chose dont il se soucierait. Mais s'il m'arrive encore d'autre argent, comme cela n'est pas impossible, je vous le remettrai à mesure, et vous l'emploierez comme vous l'entendrez.

— Et il ne faut pas que je vous demande comment il se fait que vous ayez tant d'argent?

— Non, Reuben, il ne le faut pas; car si vous me le demandiez bien sérieusement, je vous le dirais peut-être, et j'aurais tort. Vous seriez le premier à me le dire.

— Mais au moins ce n'est rien qui vous laisse du trouble dans l'esprit?

— Les biens du monde ne vont jamais sans trouble, Reuben. Mais ne me faites pas de question. Cet argent ne me charge pas la conscience, et personne n'a droit de nous en demander un plack.

— Bien certainement, dit le ministre après avoir de nouveau compté l'argent et examiné les billets, comme pour se convaincre que ses yeux ne le trompaient point, jamais il n'y a eu dans le monde un homme qui ait eu le bonheur d'avoir une femme comme la mienne. Les biens du monde la suivent comme la bénédiction du ciel.

— Oui, dit Jeanie en souriant, jamais on n'en a vu, depuis la princesse des contes d'enfans qui faisait tomber de sa chevelure des pièces d'or en se peignant de la main gauche, et des pièces d'argent en se peignant de la droite. Serrez ces papiers dans votre poche, et ne les tenez pas comme cela à la main, ou je vais les remettre dans la vieille Bible. Nous sommes trop près des montagnes pour laisser voir que nous avons tant d'argent à la maison. Allez donc chez Knockdunder, et convenez de prix avec lui. Ne soyez pas assez simple pour lui dire que vous avez toute le somme nécessaire; dites-lui que vous avez trouvé un ami qui vous aide, c'est la vérité; et marchandez sou à sou.

En lui donnant cet avis, Jeanie prouvait assez, quoiqu'elle ne sût pas faire d'autre usage de son argent que de le cacher soigneusement dans une vieille Bible, qu'elle avait quelque chose de l'adresse de son père David dans les affaires humaines. Et Reuben Butler, qui ne manquait pas de prudence, suivit de point en point le conseil de sa femme.

La nouvelle que le ministre avait acheté Craigsture se répandit promptement dans la paroisse. Les uns s'en réjouirent et lui firent compliment, d'autres regrettèrent que ce domaine fût sorti d'une famille à laquelle il appartenait depuis long-temps.

Butler fut alors obligé de faire un voyage à Édimbourg vers la Pentecôte, pour les affaires de la succession de son beau-père, afin de recueillir quelques sommes qui lui étaient dues, et dont il avait besoin pour effectuer le paiement de son acquisition. Ses collègues ecclésiastiques saisirent cette circonstance pour le nommer leur délégué à l'assemblée générale, ou convention de l'Église d'Écosse, qui a lieu ordinairement tous les ans pendant la seconde quinzaine du mois de mai.

CHAPITRE L.

> « Quelle est cette divinité ?
> » Est-ce une hamadryade, est-ce une néréide,
> » Qui, fendant la plaine liquide,
> » Vient nous faire admirer sa grace et sa beauté ? »
>
> MILTON.

Peu de temps après l'incident de la Bible et des billets de banque, la fortune prouva qu'elle réservait des surprises à mistress Butler, aussi bien qu'à son mari. Le ministre, pour pouvoir terminer les diverses affaires qui nécessitaient son voyage à Édimbourg, avait été obligé de partir de chez lui à la fin de février, calculant que l'intervalle qui s'écoulerait depuis son départ jusqu'à la Pentecôte (24 mai), ne serait pas trop long pour faire passer de la bourse des différens débiteurs de son beau-père dans la sienne, les sommes dont il avait besoin pour compléter le paiement du prix de son acquisition.

Mistress Butler se trouvait pour la première fois séparée de son mari, et la mort récente de son père, avec lequel elle avait toujours vécu, lui rendait cette séparation encore plus pénible. Sa maison lui paraissait un désert, et elle n'était distraite de ses chagrins que par les soins qu'exigeaient ses enfans.

Un jour ou deux après le départ de Butler, tandis qu'elle s'occupait de quelques détails domestiques, elle entendit entre eux une querelle qui, paraissant assez vive, lui sembla mériter son intervention. Elle les fit comparaître tous trois devant elle, et Fémie, qui n'avait pas encore dix ans, accusa ses deux frères d'avoir voulu lui prendre par force un papier qu'elle lisait.

— C'est un papier qui n'est pas bon à lire pour Fémie, dit l'aîné qui se nommait David.

— C'est l'histoire d'une méchante femme, ajouta Reuben.

— Et où avez-vous pris ce papier, petite sotte? dit mistress Butler : de quel droit osez-vous toucher aux papiers de votre papa?

— Ce n'est point un papier de papa, dit Fémie en montrant une feuille toute chiffonnée; May Hettley me l'a donné, et il enveloppait les fromages qui sont venus hier d'Inverrary.

Il est bon d'informer ici nos lecteurs qu'il avait toujours existé des relations de politesse entre mistress Butler et la laitière en chef d'Inverrary, notre ancienne connaissance mistress Dutton, devenue alors mistress Mac-Corkindale, et qu'elles se faisaient de temps en temps de petits présens.

Jeanie prit des mains de l'enfant le papier qui causait la dispute, afin de s'assurer par elle-même de ce qu'il contenait. Mais quel fut son étonnement en lisant ce titre en grosses lettres : « Relation de l'exécution et des dernières paroles de Meg Murdockson, du meurtre barbare de sa fille Madge Murdockson, dite Wildfire, et de son pieux entretien avec Sa Révérence l'archidiacre Fleming? » C'était un de ces papiers dont Archibald avait acheté toute la collection à Longtown, et que mistress Dutton avait sauvé du feu par économie; le hasard avait voulu qu'elle se fût servie de quelques-unes de ces feuilles pour envelopper les fromages qu'elle avait envoyés la veille à la manse de Knocktarlity.

Le titre de ce papier, qu'Archibald avait désiré soustraire aux yeux de Jeanie pour ménager sa sensibilité, suffit seul pour la faire tressaillir; mais la narration lui en parut si intéressante, qu'elle se débarrassa de ses enfans, et courut s'enfermer dans sa chambre pour en faire la lecture sans interruption.

Cette pièce paraissait écrite, ou du moins corrigée, par le ministre qui avait assisté Meg Murdockson dans ses derniers momens, et qui avait aussi donné les consolations de la religion à sa fille au lit de la mort. On y disait que le crime pour lequel elle avait été condamnée à mort était la part active qu'elle avait prise à un vol et à un meurtre commis quelque temps auparavant, et pour lequel Frank Levitt devait aussi être mis en jugement aux assises de Lancastre. Elle avait été condamnée sur le témoignage d'un de ses complices, Thomas Turck, vulgairement nommé Tyburn Tom, et il était probable que sa déposition ne serait pas moins funeste à Frank, quoique, d'après Meg Murdockson, ce fût Turck lui-même qui eût porté le coup fatal.

Le détail circonstancié du crime pour lequel elle

avait été condamnée était suivi d'un abrégé de sa vie, tel qu'elle l'avait donné elle-même au révérend M. Fleming. Elle était née en Écosse; épouse d'un soldat du régiment Caméronien, et adoptant le métier de vivandière, elle avait sans doute pris à la suite des camps l'amour du pillage et la férocité qu'elle avait toujours montrée depuis ce temps. Son mari, ayant obtenu son congé, était entré au service d'un dignitaire ecclésiastique du comté de Lincoln, dont elle avait nourri le fils. Elle avait ensuite été chassée de cette famille et du village qu'elle habitait, pour avoir souffert un commerce illicite entre sa fille et le fils de ce dignitaire, et parce qu'on la soupçonnait d'avoir fait périr l'enfant qui en était provenu, afin de cacher la honte de sa fille. Depuis ce temps, elle avait mené une vie errante en Angleterre et en Écosse, tantôt faisant le métier de dire la bonne aventure, tantôt celui de revendre des marchandises de contrebande, mais, dans le fait, recélant des objets volés, et souvent complice elle-même des exploits par lesquels ils étaient obtenus. Il y avait plusieurs de ses crimes dont elle se vantait sans remords, et elle semblait surtout éprouver un mélange de satisfaction triomphante et de regret passager pour une certaine circonstance : lorsqu'elle demeurait dans un faubourg d'Edimbourg, une fille de village, qui avait été séduite par un des confedérés de Meg Murdockson, était venue faire ses couches chez elle, et avait mis au monde un enfant mâle. Sa fille, dont le cerveau était dérangé depuis la perte du sien, suivant la déclaration de la criminelle, avait emporté l'enfant de la pauvre mère, le prenant pour le sien dont elle ne pouvait pas quelquefois se persuader la mort.

Marguerite Murdockson ajouta que pendant quelque temps elle avait cru que sa fille avait détruit l'enfant dans un accès de sa démence, et qu'elle l'avait donné à entendre à son père, mais qu'elle savait depuis qu'il avait été vendu à une femme courant le pays. Elle témoignait quelques remords d'avoir séparé la mère de l'enfant, surtout parce que la mère avait failli être condamnée d'après la loi d'Écosse, pour un infanticide supposé. Mais quel intérêt avait-elle à exposer l'infortunée à une condamnation qu'elle n'avait pas méritée? A cette question, elle répondit en demandant elle-même si l'on croyait qu'elle irait perdre sa fille pour en sauver une autre. Elle ne savait pas ce que lui ferait la loi d'Écosse pour avoir fait disparaître l'enfant. Cette réponse n'était nullement satisfaisante, et l'ecclesiastique parvint à reconnaître, en l'interrogeant, qu'elle gardait une vive soif de vengeance contre la jeune fille qu'elle avait si mal traitée. Le même papier disait que tout ce qu'elle avait dit de plus avait été confié par elle secrètement à l'archidiacre, qui s'était donné tant de peine pour lui administrer des consolations spirituelles. Le papier relatait enfin qu'après son exécution, dont on n'oubliait pas les détails, la folle, qui a été souvent mentionnée et connue sous le nom de Madge Wildfire, avait été tourmentée par la populace prétendant qu'elle était sorcière, et n'avait été sauvée que par la prompte intervention de la police.

Sauf les réflexions morales, et tout ce qui ne peut être utile à notre histoire, telle était la teneur de la relation que mistress Butler avait sous les yeux. C'était pour elle un objet très-important, car elle offrait la preuve la moins équivoque que sa sœur était innocente du crime dont elle avait été accusée, et qui avait été sur le point de lui coûter la vie. Il est vrai que ni elle, ni son mari, ni son père, ne l'avaient jamais crue capable d'avoir attenté aux jours de son enfant; mais ils ne pouvaient faire passer leur conviction dans l'esprit des autres, et les ténèbres qui enveloppaient cette affaire rendaient aux yeux du monde l'innocence d'Effie au moins très-problématique. Aujourd'hui elle devenait évidente d'après les aveux de la coupable même, et les renseignemens donnés par Madge pouvaient en outre être un fil qui conduisît à la découverte de l'enfant.

Après avoir remercié Dieu de cet événement inattendu, Jeanie se mit à réfléchir sur ce qu'elle devait faire. Son premier mouvement fut d'en parler à son mari, mais il était absent; et d'ailleurs, par suite de cette confidence, elle pouvait se trouver obligée de lui découvrir le secret de Georges Staunton. Elle jugea donc que le meilleur parti qu'elle pût prendre était d'envoyer sur-le-champ cette pièce à sa sœur, afin qu'elle la communiquât à son mari, et qu'ils vissent ensemble l'usage qu'ils en pourraient faire. En conséquence, elle la mit à l'ordinaire sous enveloppe à l'adresse du révérend M. Whiterose, à York, et l'envoya à Glascow par un exprès. Elle attendait une réponse avec impatience; mais le temps nécessaire pour la recevoir se passa sans qu'il en arrivât, et elle ne savait à quelle cause attribuer le silence de lady Staunton. Elle commença à regretter d'avoir confié à la poste une pièce si importante pour établir l'innocence de sa sœur, et elle se reprocha presque de n'avoir pas écrit à son mari pour le consulter sur ce qu'elle devait faire en cette occasion : elle pensait même à lui faire part de ce qui s'était passé, et à lui demander ses conseils, quand d'autres événemens rendirent cette démarche inutile.

Jeanie (c'est notre favorite, et nous lui demandons excuse de la nommer quelquefois si familièrement) se promenait un matin avec ses enfans, après avoir déjeuné, sur le bord de la mer; tout à coup David, son fils aîné, s'écria : — Maman, voilà le carrosse à six chevaux du capitaine qui arrive avec des dames. Elle porta les yeux du côté de la mer, et vit effectivement la grande barque de Knockdunder qui avançait vers le rivage; deux dames étaient assises à la poupe derrière Duncan, qui remplissait les fonctions de pilote. La politesse exigeait qu'elle se rendît au lieu ordinaire du débarquement, d'autant plus qu'elle voyait que le capitaine était sur la cérémonie. Son joueur de cornemuse, assis à la poupe, faisait entendre une mélodie qui paraissait d'autant plus agréable que, dans le bruit du vent et des vagues se perdait la moitié des sons Duncan avait mis lui-même sa perruque nouvellement frisée, sa toque (car il avait abjuré le chapeau à retroussis) décorée de la croix rouge de Saint-Georges, et son uniforme de capitaine de milice; enfin il avait arboré le pavillon à tête de sanglier du duc d'Argyle : tout indiquait donc ses projets de représentation et de gala.

En approchant du lieu du débarquement, mistress Butler vit le capitaine offrir la main aux dames d'un air respectueux pour les aider à descendre à terre, et toute la compagnie s'avança vers elle, Duncan quelques pas en avant, et l'une des dames appuyée sur le bras de l'autre, qui paraissait sa femme de chambre.

Dès qu'ils furent près d'elle, Duncan lui dit d'un ton

d'importance:—Mistress Butler, permettez-moi de vous présenter lady..... Eh!.... pardon, milady, mais j'ai ou-oublié votre nom.

— N'importe, monsieur, dit la dame. Je me flatte que mistress Butler n'en aura pas besoin. La lettre du duc... Voyant alors l'air de surprise de celle-ci, — n'avez vous pas envoyé ma lettre hier soir? demanda-t-elle à Duncan avec un peu d'aigreur.

— Madame... Pardon, madame, mais j'ai pensé qu'il suffirait de la remettre ce matin, parce qu'on ne trouve jamais mistress Butler hors de garde, jamais, madame; d'ailleurs, ma voiture était à la pêche, et mon gig était allé chercher un baril d'eau-de-vie à Greenock. Mais voilà la lettre de Sa Grace.

— Donnez-la-moi, monsieur, dit la dame en la lui prenant des mains; puisque vous n'avez pas jugé à propos de me rendre le service de l'envoyer, je la remettrai moi-même.

— Comme il vous plaira, milady, lui répondit-il humblement.

Mistress Butler était toute attention, elle éprouvait un vif intérêt, un intérêt indéfinissable pour cette dame qui prenait un tel ton d'autorité sur le grand homme de la paroisse et des environs, dont la soumission paraissait sans bornes.

Cette étrangère était de moyenne taille, bien faite, quoique avec un peu d'embonpoint; son bras et sa main auraient pu servir de modèle; son air d'aisance et de dignité semblait annoncer une haute naissance, l'usage de la grande société, et l'habitude d'être obéie. Elle était en habit de voyage, avec un chapeau de castor gris, et un voile de dentelle de Bruxelles. Deux laquais en grande livrée portaient une malle qu'ils avaient tirée de la barque, et marchaient à quelque distance.

— Comme vous n'avez pas reçu la lettre qui devait me servir d'introduction, madame, car je présume que je parle à mistress Butler, je ne vous la présenterai que lorsque vous aurez été assez bonne pour me recevoir chez vous sans recommandation.

— Certainement, madame, dit Knockdunder, bien certainement mistress Butler le fera, n'en doutez point. Mistress Butler, c'est lady..... lady..... De par tous les diables, ces noms anglais s'échappent de ma mémoire, aussi vite qu'une pierre qui roule du haut d'une montagne. Mais je crois que c'est une Écossaise; c'est d'autant plus d'honneur pour nous. Je crois qu'elle est de la famille de... de...

— Le duc d'Argyle connaît parfaitement ma famille, monsieur, dit la dame d'un ton qui semblait lui ordonner de se taire, et qui lui fit effectivement garder le silence.

Le son de voix, le ton, la démarche, les manières de l'étrangère, tout rappelait à mistress Butler cette sœur qu'elle n'avait pas vue depuis quinze ans. Ses traits, qu'elle ne distinguait qu'imparfaitement à travers le voile qui couvrait son visage, et auxquels un si long espace de temps avait dû apporter quelque changement, contribuaient à lui inspirer la même idée, à laquelle elle n'osait pourtant se livrer, comme si elle eût craint d'être dans l'illusion d'un de ces rêves dont on craint de se réveiller, de peur de perdre les images flatteuses qu'ils nous offrent.

La dame pouvait bien avoir au moins trente ans;

mais ses charmes étaient si bien conservés, et tellement relevés par tous le artifices de la parure, qu'on aurait pu ne lui en donner que vingt-un. Elle montrait si peu d'émotion, tant de calme et de sang-froid, que les soupçons que mistress Butler avait conçus s'affaiblissaient à chaque instant. Jeanie conduisit en silence ses hôtes vers la manse ; perdue dans ses réflexions, elle espérait que la lettre qui devait lui être remise lui donnerait l'explication d'une visite qui paraissait couvrir quelque mystère.

L'étrangère continuait à montrer toutes les manières d'une femme de haut rang. Elle admirait les divers points de vue qui se présentaient à elle, et en parlait en femme qui a étudié la nature, et qui connait aussi les ouvrages de l'art. Elle daigna faire attention aux enfans.

— Voilà de jolis montagnards ! Ce sont vos enfans, sans doute, madame ?

— Oui, madame, répondit Jeanie.

L'étrangère soupira, et soupira de nouveau quand leur mère les leur présenta par leur nom.

— Avancez, Fémie, dit mistress Butler à sa fille, et tenez-vous droite.

— Quel est le nom de votre fille ? demanda l'étrangère.

— Euphémie, répondit mistress Butler.

— Je croyais, répliqua la dame, que l'abréviation ordinaire de ce nom, en Écosse, était Effie.

Jeanie ne répondit rien ; mais le ton dont ce peu de paroles avaient été prononcées pénétra jusqu'au fond de son cœur. Il y avait plus de sa sœur dans ce seul mot *Effie*, que dans tout ce qu'elle avait remarqué dans le son de voix, dans les traits et les manières de la dame étrangère.

Quand ils furent arrivés à la manse, la dame remit à mistress Butler la lettre qu'elle avait retirée des mains de Knockdunder; et lui pressant la main en la lui donnant, elle ajouta : — Peut-être, madame, aurez-vous la bonté de me faire donner un peu de lait?

— Et à moi une goutte de la barbe-grise (1), mistress Butler, ajouta Duncan.

Jeanie se retira, et ayant chargé la bonne May Hettly et son fils aîné David de pourvoir aux désirs de ses hôtes, elle monta dans sa chambre pour lire la lettre. Elle était sous enveloppe, et l'adresse était de l'écriture du duc d'Argyle. Il lui mandait d'avoir tous les soins et toutes les attentions possibles pour une dame de haut rang, amie particulière de feu son frère, lady Staunton de Willingham, qui, tandis que son mari allait faire une courte excursion en Écosse, devait lui faire l'honneur d'habiter sa Loge de Roseneath, pour y prendre le petit-lait de chèvre que les médecins lui avaient ordonné.

Mais sous la même enveloppe, qui avait été remise a lady Staunton sans être cachetée, il se trouvait une

---

(1) *Grey-beard*. Les habitudes du capitaine suffiraient sans doute pour mettre sur la voie celui qui chercherait quel est le liquide nommé par lui barbe-grise. Nous appellerons cependant la botanique à notre secours pour prouver que c'est ici une personnification du whisky, qui est une eau-de-vie de grain d'avoine. Parmi les variétés d'avoine qu'on cultive en Angleterre, est l'*avena fatua* de Linnée, que ses fleurons barbus et poilus à la base ont fait appeler vulgairement *bearded oats-grain* (avoine barbue) On voit quelle analogie il peut y avoir entre cette céréale et la barbe-grise de Duncan — Ed.

lettre de cette dame elle-même, dont le but était de préparer sa sœur à cette entrevue, et qu'elle aurait dû recevoir la veille, sans la négligence du capitaine. Lady Staunton lui mandait que les nouvelles contenues dans sa dernière lettre avaient paru si intéressantes à son mari, qu'il s'était déterminé à partir sur-le-champ pour l'Écosse, afin de prendre de nouvelles informations sur ce qu'était devenu le malheureux enfant dont la découverte était si importante pour leur bonheur; enfin qu'à force de prières elle en avait arraché plutôt qu'obtenu la permission de venir passer une semaine ou deux avec sa sœur, tandis qu'il continuerait des recherches sur le succès desquelles elle n'osait compter, mais à condition qu'elle garderait le plus strict incognito, et qu'elle ne laisserait pénétrer son secret par qui que ce fût. Enfin lady Staunton, dans un *post-scriptum*, disait à Jeanie de lui laisser le soin de tout arranger, et de se contenter d'approuver tout ce qu'elle proposerait.

Après avoir lu et relu cette lettre, mistress Butler se hâta de descendre, partagée entre la crainte de trahir son secret, et le désir de se jeter au cou de sa sœur. Effie la reçut en lui adressant un regard affectueux, mais qui semblait lui recommander la prudence. Elle prit la parole sur-le-champ.

— Je disais à monsieur..... au capitaine..... à ce gentilhomme, mistress Butler, que si vous pouviez me donner un appartement chez vous, un cabinet à ma femme de chambre, et un logement quelconque à mes deux domestiques, il me conviendrait mieux de rester ici que de m'installer à la Loge que Sa Grace a eu la bonté de mettre à ma disposition. On m'a recommandé d'habiter le plus près des chèvres qu'il me serait possible.

— J'ai assuré milady, mistress Butler, dit Duncan, que vous vous feriez toujours un plaisir de recevoir les hôtes de Sa Grace et les miens; mais que cependant elle ferait mieux de rester à la Loge. Quant aux chèvres, on peut y faire venir ces créatures; il vaut mieux les déranger pour milady, que de souffrir que milady se dérange pour elles.

— Je ne veux pas qu'on dérange les chèvres : je suis sûre que le lait me fera plus de bien en le prenant ici, s'écria lady Staunton d'un air de langueur négligente, et d'un ton de femme habituée à voir tous les raisonnemens céder à sa moindre expression d'humeur.

Mistress Butler s'empressa de dire que sa maison était bien au service de milady.

— Mais le duc m'a écrit..... dit le capitaine

— C'est mon affaire avec Sa Grace, reprit lady Staunton.

— Mais, milady, tous vos bagages qui sont venus de Glascow.....

— Vous me les enverrez ici; je vous serai même obligée de donner des ordres sur-le-champ pour les faire transporter. Mistress Butler, voulez-vous bien me faire voir l'appartement que vous me destinez?

A ces mots, elle fit une demi-révérence au capitaine, et se retira avec sa sœur.

— Voilà bien l'impudence anglaise! dit Knockdunder quand il se trouva seul. De par tous les diables! elle s'empare de la maison du ministre comme si elle en était la maîtresse, et elle parle à un homme comme moi comme si j'étais son domestique, et que je dusse me donner au diable pour elle! Mais c'est une amie du duc. — Et le daim que j'ai fait tuer! je l'enverrai avec les bagages; c'est la moindre politesse que je puisse faire à mistress Butler pour lui avoir amené cette mijaurée.

Tout en faisant ces réflexions, il prit le chemin du rivage pour donner ses ordres en conséquence.

Pendant ce temps, les deux sœurs avaient une entrevue aussi touchante qu'extraordinaire, et chacune donnait à l'autre, à sa manière, des preuves de la plus sincère affection. Jeanie était tellement interdite par la surprise, et par une espèce de respect que lui inspirait le rang de sa sœur, qu'elle ne pouvait que l'embrasser en silence, sans être en état d'exprimer tous les sentimens qui l'agitaient. Effie, au contraire, riait et pleurait en même temps, serrait sa sœur dans ses bras, sautait dans la chambre en levant les mains au ciel, et se livrait sans contrainte et sans réserve à toute sa vivacité naturelle, et à une impétuosité que personne pourtant ne savait mieux réprimer et maîtriser.

Après qu'elles eurent passé à se donner des témoignages de tendresse mutuelle une heure, qui ne leur parut qu'une minute, lady Staunton aperçut par la fenêtre le capitaine qui revenait du rivage.

— Cet ennuyeux montagnard va encore nous tomber sur les bras! s'écria lady Staunton; mais patience, je vais le prier de nous rendre le service de se retirer.

— Non, non! dit mistress Butler, il ne faut pas fâcher le capitaine.

— Fâcher! et qui s'est jamais fâché de ce que je dis ou de ce que je fais, ma chère? Au surplus, si cela vous est agréable, je supporterai sa présence pour l'amour de vous.

Elle reçut Knockdunder de l'air le plus gracieux, et

l'invita même à rester à dîner. Pendant toute cette visite, l'air de respect et les attentions du capitaine pour une dame d'un rang distingué faisaient un contraste plaisant avec la familiarité qu'il affectait avec la femme du ministre.

— Je n'ai pu me faire écouter de mistress Butler, dit lady Staunton au capitaine pendant un moment d'absence de Jeanie, quand j'ai voulu lui parler de l'indemnité que je lui devrai pour venir ainsi mettre garnison chez elle.

— Sans doute, milady, il conviendrait mal à mistress Butler, qui est une femme qui sait vivre, de recevoir des indemnités d'une dame qui vient de la part du duc ou de la mienne, ce qui est la même chose. Mais à propos de garnison, je vous dirai qu'en 1745 je fus mis en garnison avec un détachement de vingt hommes dans la maison d'Inver-Gavy, qui malheureusement était près de là; car...

— Je vous demande pardon, monsieur, mais je voudrais que vous pussiez m'indiquer un moyen d'indemniser mistress Butler de tout l'embarras que je vais lui occasioner.

— Indemniser! n'y pensez pas, milady, n'y pensez pas! Si bien donc que me méfiant des intentions de ceux qui habitaient cette maison d'Inver-Gavy, et ayant entendu.....

— Sauriez-vous, monsieur, si l'un de ces jeunes gens, de ces jeunes Butler, je veux dire, aurait quelque goût pour l'état militaire?

— Je ne saurais vous le dire, milady. Ayant donc entendu une cornemuse dans le bois voisin, j'ordonnai à ma troupe de se mettre sous les armes, et.....

— C'est que, continua lady Staunton sans s'inquiéter si elle interrompait la narration du capitaine, rien ne serait plus facile à sir Georges que d'obtenir une commission pour l'un d'eux; car nous avons toujours soutenu le gouvernement, et jamais nous n'avons importuné les ministres.

— Et me permettrez-vous de vous dire, milady, reprit Duncan, à qui ce discours fit ouvrir les deux oreilles, que j'ai un grand neveu, appelé Duncan Mac-Gilligan, aussi fort et aussi vigoureux lui seul que les deux petits Butler ensemble? Et si sir Georges voulait en demander une en même temps pour lui, cela ne lui donnerait pas la peine de demander deux fois.

Lady Staunton ne répondit à cette insinuation qu'en jetant sur lui un regard de femme du monde qui ne lui donna aucun encouragement.

Jeanie rentrait alors. Elle ne pouvait revenir de son étonnement en voyant la différence qui existait entre la jeune fille au désespoir qu'elle avait trouvée sur un grabat dans une prison, où elle n'attendait plus que la honte d'une mort prématurée; puis qu'elle avait revue à Roseneath, sur le bord de la mer, prête à se condamner à un douloureux exil, et la femme pleine d'élégance, de bon ton et de graces qu'elle avait devant les yeux. Sa sœur avait ôté son voile, et ses traits lui paraissaient moins changés que l'expression de sa physionomie, sa tournure et ses manières. A en juger par l'extérieur de lady Staunton, il semblait que le chagrin ne pouvait avoir même effleuré une femme si délicate, habituée comme elle l'était à voir chacun s'empresser de satisfaire tous ses caprices, et à lui épargner presque la peine de former un desir; une femme qui, n'ayant jamais éprouvé la moindre contradiction, n'employait même pas un ton d'autorité, puisqu'elle ne pouvait laisser percer un souhait qu'il ne fût déjà accompli. Dès que le jour commença a tomber, elle se hâta de se débarrasser de Duncan, sans cérémonie ; et, sous prétexte de la fatigue, elle l'éconduisit avec un air de nonchalance.

Lorsque les deux sœurs furent seules, Jeanie ne put s'empêcher de témoigner sa surprise du sang-froid et de l'aisance avec laquelle lady Staunton soutenait son rôle.

— Je conçois votre étonnement, dit lady Staunton avec son calme ordinaire ; car vous, ma chère Jeanie, depuis le berceau vous avez toujours été la vérité même ; mais rappelez-vous que ce n'est pas aujourd'hui mon début : voilà quinze ans que je vis dans la feinte ! n'ai-je pas eu bien le temps de m'identifier avec le rôle que j'ai à remplir ?

Dans les deux ou trois premiers jours, au milieu de l'effusion des sentimens occasionés par une réunion si désirée, mistress Butler trouvait que les manières de sa sœur étaient entièrement en contradiction avec le ton de tristesse et d'abattement qui régnait dans toutes ses lettres. Il est vrai qu'elle fut émue jusqu'aux larmes à la vue du tombeau de son père, indiqué par une simple inscription qui rappelait sa piété et son intégrité ; mais des souvenirs plus rians, des impressions plus frivoles avaient aussi leur influence sur son esprit : elle s'amusait à visiter la laiterie, et en voyant les travaux qu'elle avait si long-temps partagés avec sa sœur, il s'en fallut de peu qu'elle ne se découvrît à May Hettly, pour montrer qu'elle connaissait la fameuse recette du fromage de Dunlop. Aussi elle ne put s'empêcher de se comparer à Bredreddin Hassan, que le visir, son beau-père, reconnut à son talent extraordinaire pour faire des tartes à la crème dans lesquelles il mettait du poivre.

Mais lorsque la nouveauté de ces distractions eut cessé de l'amuser, elle ne montra que trop clairement à sa sœur que les brillans dehors sous lesquels elle cachait son malheur ressemblaient au bel uniforme du soldat lorsqu'il couvre une blessure mortelle. Il y avait des momens où son abattement semblait aller même au-delà de celui qu'elle avait décrit dans ses lettres, et prouvait à mistress Butler que le sort de sa sœur, si séduisant en apparence, était en réalité peu digne d'envie.

Il existait cependant pour lady Staunton une source de plaisir sans mélange : douée d'une imagination plus vive que celle de Jeanie, elle admirait avec enthousiasme les beautés de la nature, goût qui compense bien des chagrins pour ceux qui le possèdent. On ne reconnaissait plus la grande dame lorsqu'elle aurait dû,

> A chaque précipice, à chaque grotte obscure,
> Pousser des cris d'horreur, comme si son regard
> Apercevait soudain un spectre à l'air hagard.

Au contraire, lady Staunton ne craignait pas d'entreprendre, avec ses deux neveux pour guides, des promenades longues et fatigantes sur les montagnes des environs, pour voir des lacs, des vallées, des torrens, et toutes les beautés que la nature avait cachées dans leurs profondeurs. C'est, je crois, Wordsworth qui, parlant d'un vieillard dans des circonstances pénibles, remarque avec une connaissance parfaite de la nature :

> Était ce le chagrin qui doublait sa vigueur ?
> Dieu seul peut le savoir Jusqu'à sa dernière heure
> D'Ennerdale ce fut le plus hardi marcheur.

C'était ainsi que languissante, distraite et malheureuse, jetant même parfois un regard presque dédaigneux sur le rustique ameublement de la maison de sa sœur, mais s'efforçant tout aussitôt de réparer ses accès d'humeur boudeuse par mille caresses, lady Staunton semblait vivement intéressée, et retrouver une énergie nouvelle lorsqu'elle se voyait en plein air, parmi les sites des montagnes, avec les deux enfans qu'elle charmait en leur racontant ce qu'elle avait vu dans d'autres pays, et ce qu'elle avait à leur montrer dans le manoir de Willingham. Ceux-ci, de leur côté, ne négligeaient rien pour faire de leur mieux les honneurs du comté de Dumbarton à la dame qui paraissait si bonne et si complaisante; aussi y avait-il à peine dans les montagnes voisines un vallon où ils ne se fussent pas empressés de la conduire.

Dans une de ces excursions, Reuben étant occupé ailleurs, David servit seul de guide à lady Staunton, et il lui promit de lui faire voir sur les rochers une cascade bien plus haute et bien plus belle qu'aucune de celles qu'ils eussent encore admirées. Il fallait faire cinq grands milles, sur un terrain inégal; mais la beauté des paysages fit oublier la longueur de la route, et la vue était variée tantôt par la mer et les îles qu'ils apercevaient à travers les montagnes, tantôt par des lacs lointains, tantôt par des rochers et des précipices. Lorsqu'ils furent arrivés au but de leur promenade, la scène qui se déploya aux regards de lady Staunton la dédommagea amplement de la fatigue qu'elle avait éprouvée. Une cascade impétueuse s'élançait à gros bouillons du sommet d'une sombre montagne, dont la couleur contrastait fortement avec l'écume blanche qui jaillissait le long des flancs du rocher ; et à la profondeur d'environ vingt pieds, un autre roc interceptait la vue du torrent, dont le bruit terrible indiquait qu'avant de s'arrêter dans le vallon il se précipitait encore de rocher en rocher dans un abîme qu'on ne pouvait apercevoir.

Ceux qui aiment la nature désirent toujours pénétrer jusque dans ses retraites les plus cachées. Lady Staunton demanda à David s'il ne connaissait aucun endroit d'où l'on pût voir le précipice dans lequel le torrent tombait avec un bruit effrayant. Il lui dit que du haut du rocher qui leur en interceptait la vue on dominait complètement sur la chute d'eau, mais qu'on ne pouvait y arriver que par un sentier escarpé, glissant et dangereux. Déterminée à satisfaire sa curiosité, les obstacles ne l'arrêtèrent point ; elle dit à David de l'y conduire, et celui-ci, gravissant le rocher devant elle, lui indiquait avec soin les endroits où elle pouvait placer le pied sans danger.

Après avoir grimpé comme les oiseaux de mer contre les flancs du granit, ils parvinrent à en faire le tour, et se trouvèrent en vue du spectacle effrayant d'une cataracte dont les eaux, tombant d'environ soixante pieds au-dessus de leur tête de rocher en rocher, se précipitaient avec un bruit horrible dans un gouffre ouvert sous leurs pieds à une profondeur immense, et dont les yeux ne pouvaient juger, à cause des vapeurs que la chute des eaux en faisait élever, comme un épais brouil lard. Ils étaient en ce moment placés sur une pointe de rocher dont la largeur était à peine suffisante pour deux personnes, et le bruit épouvantable des eaux, la vue des précipices qui les entouraient de toutes parts, firent une telle impression sur lady Staunton, qu'elle s'écria que la tête lui tournait et qu'elle allait tomber. Elle serait tombée en effet, et se serait inévitablement brisée sur les rochers si David ne l'eût soutenue. Il était fort et vigoureux pour son âge; mais il n'avait que quatorze ans, et lady Staunton, peu rassurée par son secours, et trouvant sa situation véritablement périlleuse, se mit à pousser des cris affreux. C'était une nouvelle imprudence, car si ce jeune homme, partageant sa frayeur, manquait un instant de présence d'esprit, il était impossible qu'ils ne périssent pas tous deux.

Cette imprudence les sauva pourtant. Un coup de sifflet si aigu partit à peu de distance, qu'ils l'entendirent malgré le bruit du torrent, et au même instant ils virent paraître au-dessus d'eux sur le rocher une figure humaine couverte de cheveux grisonnans qui, tombant en désordre sur son front et sur ses joues, venaient rejoindre des moustaches et une barbe de même couleur.

— C'est l'Ennemi (1), dit l'enfant, que lady Staunton vit trembler à son tour.

— Non, non, s'écria-t-elle, inaccessible à une terreur superstitieuse, et reprenant, avec l'espoir d'être secourue, le courage et le sang-froid dont le danger de sa situation l'avait privée; elle se tourna vers l'être que le ciel semblait envoyer à son aide: Pour l'amour de Dieu, s'écria-t-elle, secourez-nous!

(1) Le diable. — Éd.

Elle ne reçut aucune réponse ; mais un jeune homme, dont l'air et la physionomie avaient quelque chose de féroce, parut à côté du vieillard. Elle lui renouvela ses prières ; mais il ne l'entendit probablement point, à cause du bruit que faisait la cataracte, car elle le vit remuer les lèvres en la regardant, et ne put saisir elle-même les mots qu'il prononçait.

Elle vit pourtant, un instant après, qu'il avait compris ce qu'elle désirait de lui, ce qui n'était pas difficile d'après ses gestes et d'après la situation où elle se trouvait. Le jeune homme disparut un moment, et revint avec une échelle faite de rameaux d'osiers entrelacés, et d'environ huit pieds de hauteur. Il la leur descendit, et fit signe à David de la tenir tandis que la dame s'en servirait pour venir le rejoindre.

La frayeur donne du courage, et lady Staunton n'hésita pas un instant à monter sur une échelle sur laquelle, en tout autre endroit, elle n'aurait pas osé mettre le pied. Elle atteignit le sommet sans accident, et, aidée par le jeune sauvage, elle gagna la partie du rocher où elle l'avait vu. Mais, quoique hors de danger elle-même, elle ne respira librement, et ne songea à regarder autour d'elle, que lorsqu'elle vit son neveu suivant intrépidement son exemple, quoiqu'il n'eût personne pour tenir l'échelle.

Il arriva en sûreté à ses côtés. Elle jeta alors les yeux sur les objets qui l'environnaient, et ne put s'empêcher de frémir, en reconnaissant en quel lieu et dans quelle compagnie elle se trouvait.

Ils étaient alors sur une espèce de plate-forme, entourée de toutes parts de précipices ou de rochers qui s'élevaient encore plus haut, et qui paraissaient inaccessibles, de manière que ceux qui habitaient ce lieu pouvaient s'y regarder comme parfaitement à l'abri des recherches les plus exactes. Un immense fragment de rocher, détaché de ceux qui étaient plus hauts, et qui avait été arrêté dans sa chute par d'autres pointes de granit, formait comme un toit naturel sur une partie de cette plate-forme. De la mousse et des feuilles sèches amoncelées servaient de lit aux habitans de cette demeure sauvage, où lady Staunton n'aperçut alors que les deux hommes qu'elle avait déjà vus. L'un d'eux, le jeune homme qui les avait secourus si à propos, paraissait un peu plus âgé que David, sa taille était plus grande, il était plus formé, plus robuste, et tous ses membres étaient parfaitement proportionnés. Il était couvert d'un plaid en haillons, portait le jupon des montagnards, et n'avait ni bas, ni souliers, ni chapeau ni toque. Ses cheveux noirs étaient relevés en tresses serrées contre sa tête, à la manière des anciens Irlandais (1) barbares : ses yeux étaient vifs et perçans, et ses gestes avaient cette espèce d'aisance et de noblesse qu'on trouve chez les peuples sauvages.

Il faisait peu d'attention à David Butler, mais il regardait avec surprise lady Staunton, dont la beauté et l'habillement étaient sans doute au-dessus de tout ce qu'il avait jamais vu.

Le vieillard dont ils avaient d'abord aperçu la figure était encore couché dans la même position qu'il avait prise lorsqu'il avait entendu le cri que la frayeur avait

(1) C'était une espèce de coiffure que les Irlandais, comme Walter Scott nous l'apprend, appelaient du nom particulier de *glibbe*. — Éd

fait pousser à lady Staunton; seulement sa tête était tournée de leur côté, et il les regardait avec une apathie qui ne répondait pas à l'expression générale de sa physionomie dure et farouche. Il paraissait d'une très-haute taille, mais n'était guère mieux vêtu que son jeune compagnon; il avait une large redingote des Lowlands, et des *trews*, ou pantalon de tartan, qui tombaient en lambeaux.

Tous les objets d'alentour avaient un aspect singulièrement sauvage et peu rassurant. Sous la saillie du rocher était un feu de charbon sur lequel il y avait un alambic avec un soufflet, des tenailles, un marteau, une enclume portative, et d'autres outils de forgeron; trois fusils avec deux ou trois sacs et autant de barils, étaient déposés dans un coin, couverts aussi par l'immense fragment de rocher suspendu en quelque sorte au-dessus de cette sombre retraite; un *dirk* ou poignard, deux épées, et une hache d'armes du Lochaber, étaient dispersés autour du feu, dont la flamme rouge et ardente se réfléchissait sur l'écume de la cascade impétueuse.

Le jeune sauvage, après avoir satisfait sa curiosité en regardant fixement lady Staunton pendant quelques minutes, courut chercher une jatte de terre et une coupe de corne, dans laquelle il versa une liqueur spiritueuse toute bouillante, qu'il venait de tirer de l'alambic, et qu'il offrit successivement à la dame et à l'enfant. Tous deux refusèrent, et le jeune sauvage vida d'un trait la coupe, qui paraissait ne pas contenir moins de trois verres ordinaires. Il alla chercher ensuite une autre échelle dans un coin de la caverne, l'ajusta contre le rocher qui servait en quelque sorte de toit, et fit signe à la dame de monter pendant qu'il la tenait fortement d'en bas. Elle obéit, et parvint au sommet d'un large roc, sur le bord de l'abîme dans lequel le torrent se précipitait. Elle voyait la cascade tomber en bouillonnant le long du flanc du rocher, qu'elle couvrait d'une écume blanchâtre, mais elle ne pouvait apercevoir la plate-forme étroite qu'elle avait eu l'imprudence de gravir.

David n'eut pas la liberté de monter si aisément ; le jeune sauvage, soit par plaisanterie, soit par amour du mal, remua fortement l'échelle lorsque le jeune Butler fut arrivé au milieu, et il semblait jouir de sa terreur, de sorte que lorsqu'ils furent montés tous les deux, ils se regardèrent mutuellement avec un air qui n'était rien moins qu'amical ; mais ils ne se dirent pas un seul mot. Le jeune caird (1), ou chaudronnier ambulant, ou Égyptien, se montrait attentif pour aider lady Staunton à gravir un rocher escarpé qu'il lui restait encore à franchir, et ils furent suivis par David Butler, qui n'avait pas autant à se louer de son guide. Bientôt ils se trouvèrent tous trois hors du ravin, et sur le flanc d'une montagne couverte de bruyères. L'espèce d'abîme d'où ils sortaient était si étroit, qu'à moins d'être sur le bord même, il était impossible d'en soupçonner l'existence. La montagne semblait toucher à celle qui s'élevait de l'autre côté, sans qu'on pût se douter, de quelque distance, qu'un précipice les séparait, et l'on ne voyait plus la cataracte, quoiqu'on entendît encore son murmure sourd et prolongé.

Lady Staunton, délivrée du double danger qu'elle

---

(1) L'auteur a déjà traduit lui-même ce mot et le traduit encore ici en écossais ; il signifie chaudronnier ambulant, et aussi voleur.

Éd.

venait de courir, avait alors un nouveau sujet d'inquiétude et de terreur : ses deux guides se mesuraient des yeux d'un air également irrité; car David, quoique plus petit, et plus jeune d'au moins deux ans, était robuste et plein de hardiesse.

— Vous êtes le fils de l'habit noir de Knocktarlity, dit le jeune sauvage; si vous reparaissez jamais ici, je vous lancerai dans le précipice comme un ballon.

— Votre taille vous rend bien insolent! reprit fièrement le jeune Butler, tandis que d'un œil intrépide il mesurait son adversaire; je pense que vous êtes de la bande de Donacha : si vous descendez jamais dans la vallée, nous tirerons sur vous comme sur un chevreuil.

— Vous pouvez dire à votre père, reprit l'Égyptien, que la feuille qui est sur l'arbre est la dernière qu'il verra. — Nous saurons nous venger de tout le mal qu'il nous a fait.

— J'espère qu'il vivra encore bien des étés, et qu'il vous en fera encore bien davantage, répondit David.

La conversation n'en fût pas restée là si lady Staunton ne se fût pas avancée entre eux avec sa bourse à la main, qui contenait, outre quelques guinées, plusieurs pièces d'argent qu'on apercevait à travers le tissu léger dont elle était composée. Elle en tira une guinée qu'elle offrit à l'Égyptien.

— L'argent blanc, madame, l'argent blanc, dit le jeune sauvage à qui la valeur de l'or était sans doute inconnue.

Lady Staunton lui donna tout l'argent qu'elle avait dans sa bourse, et l'enfant le saisit avec avidité, en faisant une espèce d'inclination de tête en signe de remerciement et d'adieu.

— Hâtons-nous à présent, lady Staunton, dit David ; car ils ne nous laisseront pas tranquilles, du moment qu'ils ont vu votre bourse.

Ils s'éloignèrent avec toute la vitesse possible, mais ils n'avaient pas fait cent pas qu'ils entendirent crier derrière eux, et en se retournant ils aperçurent le vieillard et son jeune compagnon qui les poursuivaient à grands pas, le premier avec un fusil sur l'épaule. Très-heureusement un garde-chasse du duc, qui guettait le gibier, parut dans ce moment au pied de la montagne. Les bandits s'arrêtèrent en le voyant, et lady Staunton s'empressa d'aller se mettre sous sa protection. Il lui offrit volontiers de l'escorter jusque chez elle, et il ne fallut rien moins que sa taille athlétique, et son fusil chargé, pour rendre à Effie son courage ordinaire.

Donald écouta gravement le récit de leur aventure; et David lui demandant à plusieurs reprises s'il aurait pu soupçonner que les Égyptiens rôdassent dans ces montagnes, il répondit avec beaucoup de sang-froid : — En vérité, M. David, il n'aurait pas été impossible qu'on eût quelque idée qu'ils fussent par ici, ou bien de quelque côté, quoique je n'en eusse pas, moi, vous sentez bien. Je suis souvent sur la montagne, et ils sont comme les guêpes, voyez-vous, ils mordent ceux qui les provoquent. Par ainsi, moi, je me suis fait une règle de ne pas les voir, à moins que je ne reçoive un ordre exprès de Mac-Callummore ou de Knockdunder; car alors, comme vous sentez, le cas serait bien différent.

Ils arrivèrent tard à la manse, et lady Staunton, qui resta long-temps avant d'être entièrement remise de sa fatigue et de sa frayeur, ne se laissa plus entraîner aussi avant dans les montagnes par son amour pour les beautés pittoresques de la nature, sans être accompagnée d'une plus forte escorte, quoique en même temps elle se plût à rendre justice à son jeune guide, et à convenir qu'il avait mérité une paire d'épaulettes par le courage qu'il avait déployé dès qu'il avait été certain d'avoir affaire à un antagoniste terrestre.

—Je ne suis ni aussi grand ni aussi âgé que ce gaillard-là, dit David flatté d'entendre vanter ainsi sa valeur; mais contre de pareils gens, ajouta-t-il en frappant sur sa poitrine avec un petit air martial, c'est le cœur qui fait tout.

CHAPITRE LI.

« Qui vous fait donc pâlir ?
» Quel objet effrayant vous a fait tressaillir ? »
SHAKSPEARE *Henry V*

Nous sommes obligés de retourner à présent à Édimbourg, où l'assemblée générale tenait alors ses séances. On sait qu'un noble écossais est ordinairement député, en qualité de grand-commissaire, pour représenter la personne du roi dans cette assemblée; que le gouvernement lui fournit les moyens d'étaler une certaine pompe extérieure, et de soutenir dignement l'auguste caractère de représentant du souverain. Toutes les personnes distinguées par leur rang ou par leur naissance, dans la ville ou aux environs, assistent ordinairement aux levers du lord commissaire, et l'accompagnent en grand cortège jusqu'au lieu de ses séances.

Le seigneur qui remplissait alors cette fonction se

trouvait être lié particulièrement avec sir Georges Staunton, et ce fut à sa suite que celui-ci se hasarda à traverser la grande rue d'Édimbourg, pour la première fois depuis la nuit fatale de l'exécution de Porteous. Marchant à la droite du représentant de la majesté royale, couvert de broderies, entouré de toutes les marques du rang et de l'opulence, le noble étranger fixait tous les regards. Qui eût pu deviner, au milieu de tant de pompe et de grandeur, le misérable plébéien frappé d'un arrêt de mort, qui, déguisé sous les haillons de Madge Wildfire, avait guidé une populace furieuse courant à la vengeance! Il était impossible que personne le reconnût, quand même quelqu'un de ses anciens compagnons, race d'hommes qui vit si peu de temps, aurait prolongé la courte existence accordée ordinairement aux malfaiteurs. D'ailleurs, l'affaire était assoupie depuis long-temps, de même que les passions haineuses dans lesquelles elle avait pris son origine. Il est certain que des personnes connues pour avoir pris part à cette émeute formidable, et pour s'être enfuies d'Écosse par cette raison, après s'être enrichies chez l'étranger, étaient revenues jouir de leur fortune dans leur pays natal, et y vivaient tranquillement sans être poursuivies par la loi (1). L'indulgence des magistrats était assurément dans cette occasion aussi sage que juste; car quelle impression utile le châtiment eût-il pu faire sur l'esprit public, lorsque le souvenir de l'offense était effacé, et que la conduite paisible et peut-être même exemplaire du prévenu aurait seule été présente à la mémoire du peuple?

(1) Voyez les *Procès criminels* d'Arnot, in-4, pag. 235.

Sir Georges Staunton pouvait donc parcourir le théâtre de ses anciens exploits, où il avait montré tant de courage et d'audace, sans craindre d'être poursuivi par la loi, ni même d'être découvert ou soupçonné. Mais quels sentimens devaient faire tressaillir son cœur ! C'est ce que je laisse à deviner au lecteur ; il suffira de lui apprendre quel motif avait pu être assez puissant pour lui faire affronter tant de pénibles souvenirs.

En conséquence de la lettre écrite par Jeanie à lady Staunton, et dans laquelle elle avait transmis les aveux de Meg Murdockson et de sa fille Madge, sir Georges s'était rendu dans la ville de Carlisle, et avait trouvé encore vivant l'archidiacre Fleming, le prêtre qui avait reçu ses aveux. Ce respectable vieillard jouissait de la considération publique, et la méritait. Sir Georges crut pouvoir s'ouvrir à lui jusqu'à oser avouer qu'il était père du malheureux enfant qui avait été enlevé par Madge Wildfire, et il représenta son intrigue comme une extravagance de jeunesse de sa part, qu'il brûlait à présent d'expier, en faisant tous ses efforts pour découvrir, s'il était possible, ce que l'enfant était devenu.

En rassemblant les idées confuses qui lui restaient à ce sujet, le vieux prêtre parvint à se rappeler que Meg Murdockson lui avait remis une lettre pour M. Georges Staunton, le jeune, au rectorat de Willingham, par Grantham ; qu'il avait fait parvenir la lettre à son adresse, et qu'elle lui avait été renvoyée avec un billet du révérend M. Staunton, recteur de Willingham, disant qu'il ne connaissait pas la personne à qui la lettre était adressée. Comme cela était arrivé précisément à l'époque où Georges avait quitté pour la dernière fois la maison de son père pour enlever Effie, il lui était facile de concevoir la cause du ressentiment qui avait porté son père à le désavouer ; c'était encore une occasion dans laquelle son caractère indomptable avait causé son malheur. S'il fût resté seulement quelques jours de plus à Willingham, il eût reçu la lettre de Meg Murdockson, dans laquelle elle décrivait exactement la personne et la retraite d'Annaple Baïlzou, la femme à laquelle elle avait remis l'enfant.

Il paraît que ce qui avait engagé Meg Murdockson à faire ces aveux, c'était moins un sentiment de repentir, que le désir d'obtenir, par l'entremise de Georges Staunton ou de son père, des secours pour sa fille Madge. Elle disait dans sa lettre à Georges Staunton, que tant qu'elle eût vécu, sa fille n'aurait eu besoin du secours de personne ; et que, pour elle, elle ne se serait jamais mêlée de toutes ces affaires, si ce n'eût été pour se venger du mal que Georges lui avait fait à elle et aux siens. Mais elle devait mourir, et sa fille se trouverait alors sans ressource, sans avoir même la raison pour la guider. Elle avait vécu assez long-temps dans ce monde pour savoir qu'ici bas on ne faisait rien pour rien ; voilà pourquoi elle écrivait à Georges Staunton tout ce qu'il pouvait désirer de savoir relativement à son fils, dans l'espoir qu'il ne voudrait pas voir la pauvre créature qu'il avait ruinée, périr de misère et de besoin. Quant à ses motifs pour ne pas avoir tout révélé plus tôt, elle avait un long compte à rendre dans l'autre monde, et ils y figureraient.

Le prêtre dit que Meg était morte dans des sentimens à peu près semblables, exprimant souvent quelques regrets à l'égard de l'enfant qui était perdu, mais regrettant plus souvent encore que la mère n'eût pas été pendue; que son ame était un chaos où se confondaient le remords du crime, la soif de la vengeance, et la crainte de ce que deviendrait sa fille après elle. Cet instinct de sollicitude maternelle, qu'elle avait en commun avec la louve et la lionne, était la dernière ombre de sentiment qui survécût dans ce cœur sauvage.

La triste catastrophe qui termina la vie de Madge Wildfire provint de ce qu'elle profita de la confusion occasionée par l'exécution de sa mère, pour quitter la maison de travail dans laquelle le prêtre l'avait fait entrer, et pour se présenter à la populace furieuse, imprudence dont elle fut la victime, ainsi que nous l'avons déjà vu. Quand le docteur Fleming vit revenir du comté de Lincoln la lettre qu'il y avait envoyée, et le billet de M. Staunton, il écrivit à un de ses amis à Édimbourg, pour le prier de s'informer de ce qu'était devenue la malheureuse fille dont l'enfant avait été dérobé. Son correspondant lui avait répondu qu'elle avait obtenu son pardon, et qu'elle s'était retirée avec toute sa famille dans quelque province éloignée de l'Écosse, ou avait quitté entièrement le royaume. Les choses en étaient restées là jusqu'au moment de la visite de sir Georges Staunton au vieux prêtre, qui, après avoir cherché long-temps parmi ses papiers, retrouva la lettre de Meg Murdockson, et la lui remit, ainsi que les autres notes qu'il avait conservées relativement à cette affaire.

Quels que pussent être les sentimens de sir Georges Staunton en recueillant cette déplorable histoire, et en écoutant le récit de la fin tragique de l'infortunée dont il avait causé la ruine, toujours prêt à tout sacrifier à ses moindres résolutions, il n'eut plus alors qu'une seule pensée, c'était l'espoir qui semblait se présenter de retrouver son fils, et il oubliait tout pour ne songer qu'aux moyens d'y parvenir. Il était vrai qu'il serait difficile de le produire dans le monde sans raconter, de l'histoire de sa naissance et des malheurs de ses parens, plus que la prudence ne le voudrait. Mais s'il était seulement possible de le retrouver, et qu'il se montrât digne de la protection de son père, il y aurait des moyens de parer à tous les inconvéniens. Sir Georges Staunton pouvait, s'il le voulait, l'adopter pour son héritier, sans révéler le secret de sa naissance; ou bien il pouvait obtenir un acte du parlement qui le déclarât légitime, et qui lui permît de porter le nom et les armes de son père. Cet enfant, d'après les lois de l'Écosse, était même déjà légitime de fait par le mariage subséquent de ses parens. Quoi qu'il en fût, en un mot, l'unique désir de sir Georges était de revoir son fils, dût son retour occasioner une nouvelle série de malheurs aussi terribles que ceux qui avaient suivi sa perte.

Mais où était le jeune homme qui pouvait peut-être encore hériter des honneurs et des biens de cette famille ancienne? Sur quelle bruyère inculte, sous quel vil déguisement errait-il alors? Gagnait-il un pain précaire par quelque pauvre métier, par le travail de ses mains, ou par la violence et le brigandage? Telles étaient les questions que sir Georges brûlait d'éclaircir, et sur lesquelles il ne pouvait obtenir aucun renseignement. Beaucoup de gens se souvenaient qu'Annaple Baïlzou parcourait le pays, mendiant et disant la bonne aventure, faisant des prophéties; quelques-uns se rappelaient l'avoir vue avec un enfant en 1737 ou 1738, mais ils ajoutaient que depuis plus de dix ans elle n'avait point paru dans le comté, et qu'ils lui avaient entendu dire qu'elle allait retourner en Écosse, son pays natal. Ce fut donc en Écosse que sir Georges Staunton crut devoir continuer ses recherches; et, après avoir quitté son épouse à Glascow, il se rendit à Édimbourg, où l'époque de son arrivée se trouvant coïncider avec celle des séances de l'Assemblée Générale, son intimité avec le seigneur qui remplissait les fonctions de grand commissaire l'obligea de paraître en public plus tôt qu'il ne l'eût voulu.

A la table de ce seigneur, sir Georges Staunton fut placé près d'un ecclésiastique dont l'extérieur respectable, les manières simples et la conversation pleine de sens, prévenaient en sa faveur. Il demanda son nom, et apprit que c'était M. Butler. Il n'était jamais entré dans les projets de sir Georges d'admettre son beau-frère dans sa confidence, et ce n'avait pas été sans une joie infinie qu'il avait reçu de son épouse l'assurance que mistress Butler, l'honneur et la sincérité même, n'avait jamais laissé transpirer un seul mot de tout ce qu'il lui avait dit au rectorat de Willingham, sans même faire une exception en faveur de son mari. Mais il n'était pas fâché de trouver l'occasion de converser avec un si proche parent, sans être connu de lui, et d'être à même d'observer son caractère, et d'apprécier son esprit. Tout ce qu'il vit et tout ce qu'il entendit servit à lui faire concevoir une haute opinion de Butler. Il reconnut qu'il était généralement respecté des personnes de sa profession, aussi-bien que des laïques qui siégeaient dans l'assemblée. Butler y avait fait plusieurs discours remarquables par la clarté, la candeur et l'énergie; et il était suivi et admiré comme un prédicateur plein d'onction et d'éloquence.

Tout cela était fort satisfaisant pour l'orgueil de sir Georges Staunton, qui se révoltait à l'idée d'avoir une belle-sœur mariée à un homme obscur et inconnu. Il commença alors au contraire à trouver l'alliance si fort au-dessus de son attente, que, s'il devenait nécessaire de l'avouer, dans le cas où il retrouverait son fils, il sentait qu'il n'aurait aucune raison de rougir que lady Staunton eût une sœur qui, par suite des malheurs arrivés dans sa famille, avait épousé un ministre écossais jouissant de la considération de ses compatriotes, et un des chefs de l'Église.

Ce fut dans ces sentimens que, lorsque la compagnie se sépara, sir Georges Staunton, sous prétexte de désirer prolonger la conversation qu'il avait entamée avec Butler sur la constitution de l'église d'Écosse, pria celui-ci de venir prendre une tasse de café chez lui dans Lawn-Market. Butler y consentit, à condition que sir Georges lui permettrait d'entrer en passant chez une amie dans la maison de laquelle il demeurait, pour lui faire des excuses de ne pas venir prendre le thé avec elle. Ils remontèrent ensemble la grande rue, entrèrent dans le Krames, et passèrent devant le tronc placé pour rappeler aux personnes qui jouissent de la liberté la détresse des pauvres prisonniers. Sir Georges s'arrêta un instant dans cet endroit, et le lendemain on trouva dans le tronc un billet de 20 livres sterling (1).

Lorsqu'il rejoignit Butler, celui-ci avait les yeux fixés sur l'entrée de la prison, et paraissait plongé dans une profonde rêverie.

(1) Le lecteur peut reconnaître tous ces lieux sur la carte d'Édimbourg dressée pour cet ouvrage. La vignette du titre de ce volume représente la place de Grass-Market. — Éd.

— Cette porte paraît très-forte, observa sir Georges pour dire quelque chose.

— Elle l'est en effet, monsieur, dit Butler en se retournant et en se remettant à marcher; mais ce fut mon malheur de la voir un jour beaucoup trop faible.

Dans ce moment, il tourna les yeux sur son compagnon, et voyant sa pâleur, il lui demanda s'il se trouvait indisposé. Sir Georges Staunton convint qu'il avait été assez fou pour manger des glaces, qui presque toujours lui faisaient mal. Avant qu'il pût découvrir où il allait, sir Georges se vit entraîner par Butler, avec une bienveillance irrésistible, dans une maison située près de la prison; c'était celle de l'ami chez lequel celui-ci demeurait depuis qu'il était à Édimbourg, et qui n'était autre que notre vieille connaissance Bartholin Saddletree, chez lequel lady Staunton avait servi autrefois pendant quelque temps en qualité de fille de boutique. Ce souvenir se présenta aussitôt à l'esprit de son époux, et le sentiment de honte qu'il excita dans son ame en bannit la crainte involontaire que la vue de la prison et la remarque de Butler lui avaient inspirée.

Cependant la bonne mistress Saddletree tournait de tous côtés, et se donnait beaucoup de mouvement pour recevoir le riche baronnet anglais, ami de M. Butler; elle pria une dame âgée, vêtue en noir, de ne pas se déranger, d'un ton qui semblait exprimer le désir qu'elle cédât la place à ces nouveaux hôtes. En même temps, apprenant ce dont il s'agissait, elle courut chercher des eaux cordiales d'une efficacité reconnue dans tous les cas de faiblesse quelconques. Pendant son absence, la dame en noir se mit en devoir de se retirer, et elle fût sortie sans être aperçue, si son pied n'eût glissé sur le seuil de la porte, si près de Sir Georges Staunton, que celui-ci s'avança aussitôt pour la soutenir, et la reconduisit jusqu'au bord de l'escalier.

— Mistress Porteous est bien changée à présent, la pauvre femme, dit mistress Saddletree en revenant avec sa bouteille à la main. Ce n'est pas qu'elle soit très-âgée ; oh! non ; mais elle a éprouvé un grand malheur par le meurtre de son mari..... Cette affaire-là vous a causé assez de tracas, M. Butler. Je crois, monsieur, ajouta-t-elle en se tournant vers sir Georges, que vous feriez mieux de boire le verre entier, car à mon avis vous paraissez plus mal que lorsque vous êtes entré.

En effet il était devenu pâle comme un cadavre, en songeant que la personne qu'il venait de soutenir était la veuve d'un homme de la mort duquel il avait été la principale cause !

— Il y a prescription aujourd'hui pour cette affaire de Porteous, dit le vieux Saddletree, qui était confiné par la goutte sur son fauteuil ; il y a prescription claire et évidente.

— Je ne suis pas de votre avis, voisin, dit Plumdamas ; car j'ai entendu dire qu'il fallait que vingt ans se fussent écoulés pour cela ; or, nous ne sommes qu'en 1751 ; l'affaire de Porteous arriva en 1737, et....

— Vous ne m'apprendrez pas la loi, voisin, à moi qui ai dans ce moment quatre procès à conduire, et qui aurais pu en avoir quatorze, sans ma femme. Je vous dis que le chef des séditieux serait ici à la place où est assis ce seigneur, que l'avocat du roi n'aurait pas le droit de l'arrêter. Il y aurait prescription négative, car la loi dit formellement.....

— Allons, taisez-vous, dit mistress Saddletree, et

laissez ce monsieur s'asseoir et prendre une tasse de thé.

Mais sir Georges ne désirait pas en entendre davantage; à sa requête, Butler fit ses excuses à mistress Saddletree, et l'accompagna chez lui. Ils y trouvèrent quelqu'un qui attendait le retour de sir Georges Staunton. C'était encore une vieille connaissance de nos lecteurs, Ratcliffe.

Cet homme avait rempli les fonctions de porte-clefs avec tant de vigilance, de finesse et de fidélité, qu'il s'était élevé graduellement au rang de geôlier en chef, ou capitaine de la prison, et l'on se rappelle encore aujourd'hui que des jeunes gens qui désiraient une société amusante plutôt que choisie, invitaient souvent Ratcliffe à leurs joyeuses réunions, afin de l'entendre raconter les faits extraordinaires de sa vie, l'histoire de ses vols, et la manière dont il s'était tant de fois échappé de prison. Mais il vécut et mourut sans jamais reprendre son premier métier, et il n'y songea jamais qu'en causant le verre à la main (1).

Un habitant d'Édimbourg l'avait indiqué à sir Georges Staunton comme un homme qui pourrait probablement lui donner des renseignemens sur Annaple Baïlzou, qui, suivant le prétexte dont sir Georges couvrait

(1) Il semblerait qu'il y a un anachronisme dans l'histoire de ce personnage Ratcliffe, qui s'était plusieurs fois echappé de prison, fut délivré dans l'émeute au sujet de Porteous, lorsqu'il était sous une sentence de mort. Il s'y trouvait dans la même expectative, lorsque les Highlanders enfoncèrent la prison en 1745. Ratcliffe était un Whig trop sincère pour consentir à être redevable de sa délivrance à des jacobites, et en récompense il fut nommé un des geôliers de la Tolbooth. Telle est du moins la tradition la plus répandue.

ses recherches, était soupçonnée d'avoir volé autrefois un enfant appartenant à une famille d'Angleterre à laquelle il prenait intérêt. En lui parlant de Ratcliffe, cet homme de loi ne le lui avait désigné que par le titre officiel auquel lui donnaient droit les fonctions qu'il exerçait, de sorte que lorsqu'on vint annoncer à sir Georges que le geôlier de la prison, à qui il avait fait dire de passer chez lui, y était arrivé et l'attendait, il ne se doutait pas qu'il allait retrouver en lui son ancienne connaissance, James Ratcliffe ou Daddy Rat.

Ce fut donc pour lui une nouvelle surprise, et très-désagréable, car il n'eut pas de peine à reconnaître les traits remarquables de cet homme. Mais la métamorphose de Georges Robertson en sir Georges Staunton déjoua la pénétration même de Ratcliffe : il salua très-humblement le baronnet et Butler, et dit à celui-ci qu'il espérait qu'il l'excuserait de se rappeler qu'ils étaient anciennes connaissances.

— Et vous avez, dans une certaine occasion, dit Butler, rendu un grand service à ma femme. J'espère que vous avez reçu la marque de reconnaissance qu'elle vous en a envoyée?

— Certainement, certainement! Mais vous êtes bien changé, M. Butler, depuis que je ne vous ai vu, et ce n'est pas en pire.

— Si changé, que je suis surpris que vous m'ayez reconnu.

— Moi! du diable si j'oublie jamais une figure que j'ai vue une seule fois! s'écria Ratcliffe, tandis que sir Georges, au supplice, et ne pouvant s'échapper, maudissait intérieurement la fidèle mémoire du geôlier.

— Et cependant, continua Ratcliffe, le plus habile

s'y trompe quelquefois ; car, en ce moment même, je vois dans cette chambre, si j'ose le dire, une figure que je croirais appartenir à une de mes vieilles connaissances, si je ne savais quel est l'honorable seigneur à qui elle appartient.

Le baronnet vit le danger dans lequel il se trouvait.

— Je ne serais pas très-flatté, dit-il en fronçant le sourcil, que ce fût à moi que vous fissiez ce compliment.

— Nullement, monsieur, nullement, dit Ratcliffe en s'inclinant profondément : je suis venu ici pour recevoir les ordres de Votre Honneur, et nullement pour vous ennuyer de mes pauvres observations.

— Fort bien, monsieur, on m'a assuré que vous êtes fort entendu en matière de police. Je m'y entends un peu aussi, et, pour vous le prouver, voici dix guinées d'avance. Vous en aurez quarante autres si vous pouvez me donner quelques renseignemens sur l'affaire dont vous trouverez le détail dans cet écrit. Comme je dois partir incessamment pour l'Angleterre, vous remettrez votre réponse par écrit à M........, mon agent à Édimbourg, ou à Sa Grace le lord grand commissaire. C'est tout ce que j'avais à vous dire.

Ratcliffe salua et se retira.

— J'ai blessé son orgueil, pensait-il en s'en allant, en disant que je trouvais une ressemblance..... Et cependant, si le père de Robertson avait demeuré à un mille de la mère de Son Honneur, je ne saurais qu'en penser, le diable m'emporte, quelque fier que soit celui-ci !

Quand sir Georges fut seul avec Butler, il ordonna qu'on servît du thé et du café ; et quand on eut exécuté cet ordre, il lui demanda s'il avait reçu depuis peu des nouvelles de sa femme et de sa famille.

Butler, un peu surpris de cette question, répondit qu'il n'en avait pas reçu depuis plusieurs jours.

— Alors, dit sir Georges, je serai le premier à vous annoncer que, depuis votre départ, on a fait une invasion dans votre paisible demeure. Ma femme, à qui le duc d'Argyle a permis d'habiter sa Loge de Roseneath pendant quelques semaines qu'elle doit passer dans vos environs, a établi chez vous son quartier-général, pour être logée plus près des chèvres, à ce qu'elle dit, mais plutôt, je crois, parce qu'elle préfère la société de mistress Butler à celle du digne capitaine chargé de faire les honneurs du château de Sa Grace.

M. Butler répondit qu'il avait souvent entendu le feu duc et le duc actuel parler avec de grands éloges de lady Staunton; qu'il était charmé que son humble habitation eût pu convenir à une dame de leurs amies; que c'était une bien faible reconnaissance de tous les services qu'il en avait reçus.

— Lady Staunton et moi ne devons pas vous en avoir moins d'obligation de votre hospitalité. Mais puis-je vous demander, M. Butler, si vous comptez retourner bientôt chez vous?

— Très-incessamment, répondit Butler. Les séances de l'assemblée sont terminées; j'ai fini les affaires particulières que j'avais à Édimbourg, et je ne désire rien tant que de me retrouver au milieu de ma famille. Mais j'ai une somme assez considérable à emporter, et pour faire le voyage plus sûrement, j'attendrai le départ d'un ou deux de mes confrères qui retournent du même côté.

— Mon escorte vaudra bien la leur, M. Butler, et je compte partir demain. Si vous voulez m'accorder le plaisir de votre compagnie, je me charge de vous conduire sain et sauf à la manse de Knocktarlity, pourvu que vous me permettiez de vous y accompagner.

M. Butler accepta cette proposition avec empressement, et sir Georges dépêcha sur-le-champ un de ses domestiques, porteur d'une lettre du ministre, pour annoncer à sa femme leur prochaine arrivée. Cette nouvelle ne tarda pas à se répandre dans le village, et l'on sut bientôt dans tous les environs que M. Butler revenait avec un seigneur anglais, et rapportait les fonds nécessaires pour le paiement de son acquisition.

Cette résolution soudaine d'aller à Knocktarlity avait été adoptée par sir Georges Staunton en conséquence des divers incidens de la soirée. Malgré le changement qui s'était opéré dans ses traits et dans sa fortune, il sentait qu'il avait poussé l'audace trop loin en se hasardant si près du théâtre où il s'était porté à tant d'actes de violence; il connaissait trop bien, par expérience, la finesse et la pénétration d'un homme tel que Ratcliffe, pour ne pas éviter soigneusement de se retrouver avec lui. Il supposa une indisposition pour ne pas sortir de la soirée, et prit congé par écrit de son noble ami le grand commissaire, alléguant l'occasion qui se présentait de faire le voyage de compagnie avec M. Butler, comme une raison pour quitter Édimbourg plus tôt qu'il ne se l'était proposé.

Il avait eu une longue conférence avec son agent au sujet d'Annaple Baïlzou, et celui-ci, qui était aussi l'homme d'affaires de la famille d'Argyle, fut chargé de recueillir tous les renseignemens que Ratcliffe ou autres pourraient se procurer sur le sort de cette femme et du malheureux enfant; aussitôt qu'il transpirerait quelque chose de la moindre importance, il devait envoyer sur-le-champ un exprès à Knocktarlity. Ces instructions furent appuyées par un dépôt d'argent, et la prière de n'épargner aucunes dépenses, de sorte que sir Georges Staunton n'avait guère de négligence à craindre de la part des personnes à qui il confiait cette commission.

Le voyage que les deux beaux-frères firent de compagnie fut plus agréable même à sir Georges Staunton qu'il n'avait osé l'espérer. Son cœur, en dépit de lui-même, se trouva soulagé d'un grand poids lorsqu'ils perdirent de vue Édimbourg; et la conversation agréable de Butler finit par changer le cours de ses idées, et par le détourner de réflexions pénibles. Il commença même à se demander s'il ne serait pas possible d'établir près de lui Butler et son épouse, en lui donnant le rectorat de Willingham. Il ne fallait pour cela que deux choses : l'une, qu'il procurât une place encore plus avantageuse au titulaire actuel; l'autre, que Butler prît les ordres conformément à l'Église anglicane, mesure à laquelle il ne pensait pas que celui-ci pût avoir la moindre objection à opposer. Il était sans doute pénible de voir mistress Butler entièrement au fait de sa funeste histoire; mais c'était un malheur auquel il n'y avait plus de remède; et quoiqu'il n'eût jusqu'à présent aucune raison de se plaindre de son indiscrétion, il serait encore plus sûr de son silence, lorsqu'il l'aurait auprès de lui. Ce serait aussi une compagnie pour son épouse, qui quelquefois le tourmentait pour rester à la ville, lorsqu'il désirait se retirer à la campagne, en alléguant le manque total de société à Willingham. — Madame, votre sœur y est, — serait, suivant lui, une excellente réponse à un semblable argument.

Il sonda Butler sur ce sujet, en lui demandant ce qu'il penserait d'un bénéfice anglais de douze cents livres sterling de revenu (1), à charge d'accorder de temps en temps sa compagnie à un voisin dont la santé n'était pas bien forte, ni l'humeur très-égale. — Il pourrait, dit-il, se trouver quelquefois avec une personne de très-grand mérite, qui était dans les ordres en qualité de prêtre catholique ; mais il espérait que ce ne serait pas une objection insurmontable pour un homme dont les sentimens étaient aussi libéraux que ceux de M. Butler. Quelle serait, ajouta-t-il, la réponse de M. Butler, si cette offre lui était faite?

— Qu'il me serait impossible de l'accepter, répondit M. Butler. Je ne prétends pas entrer dans les débats qui divisent les Églises; mais j'ai été élevé dans celle dont je suis membre aujourd'hui; j'ai reçu l'ordination conformément à ses statuts, je crois à la vérité de ses doctrines, et je mourrai sous l'étendard que j'ai suivi depuis mon enfance.

— Quelle peut être la valeur annuelle de votre place, dit Georges Staunton, s'il n'y a point d'indiscrétion à vous faire cette demande?

— Mais, année commune, elle peut valoir environ cent livres (2), indépendamment de ma glèbe (3) et de mon champ de dépaissance.

(1) 28,800 fr. — Éd.
(2) Environ 2,400 fr. — Éd.
(3) *Glebe;* c'est le mot consacré pour les terres dépendantes d'un presbytère, dont les revenus sont de trois sortes : l'argent (la dîme), la terre (la glèbe), et le casuel (offrandes volontaires).

Éd

— Et vous vous faites un scrupule de l'échanger contre une de douze cents livres par an, sans alléguer aucune différence essentielle de doctrine entre les deux Églises d'Angleterre et d'Écosse?

— Je ne me suis pas prononcé sur cet article, monsieur. Il peut y avoir, et il y a certainement des moyens de salut dans l'une comme dans l'autre Église; mais chaque homme doit agir suivant ses propres lumières, et n'écouter que la voix de sa conscience. J'espère que j'ai travaillé et que je travaille encore à la vigne du Seigneur dans cette paroisse d'Écosse, et il me siérait mal d'abandonner, pour l'appât du gain, mon troupeau dans ce désert. Mais même pour ne parler que du point de vue temporel sous lequel vous avez envisagé la chose, sir Georges, ces cent livres sterling de revenu m'ont nourri et m'ont vêtu jusqu'à présent moi et ma famille, et ne nous ont rien laissé à désirer; la succession de mon beau-père et d'autres circonstances m'ont encore procuré un revenu de deux cents livres, et je sais à peine à quoi l'employer. Je vous laisse donc à juger, monsieur, si, n'ayant ni le désir ni l'occasion de dépenser trois cents livres sterling par an, il serait sage à moi de vouloir posséder quatre fois cette somme.

— Voilà de la philosophie, dit sir Georges; j'en avais souvent entendu parler, mais je ne l'avais jamais vu mettre en pratique.

— C'est du bon sens, répondit Butler, et il s'accorde avec la philosophie et la religion plus souvent que les pédans et les bigots ne se l'imaginent.

Sir Georges changea de conversation, et ne chercha point à la ramener sur le même sujet. Quoiqu'il voyageât dans sa voiture, le mouvement semblait l'incommoder beaucoup, et il fut obligé de passer une journée à Mid-Calder et une autre à Glascow, pour se reposer.

Ils arrivèrent à Dumbarton, où sir Georges avait résolu de quitter sa voiture et de louer une barque qui les conduirait à la manse en doublant l'île de Roseneath; il était d'ailleurs impossible de voyager en voiture dans ce canton. Il se disposait à partir vers quatre heures après midi, avec Butler, un valet de chambre, homme de confiance, et un domestique, laissant avec la voiture son cocher et un autre laquais, lorsqu'un exprès que lui avait dépêché son agent d'Édimbourg arriva, et lui remit un paquet, que sir Georges ouvrit sur-le-champ, et dont la lecture parut lui occasioner beaucoup d'agitation. Le paquet lui avait été expédié immédiatement après son départ d'Édimbourg, mais le messager avait manqué nos voyageurs à Mid-Calder, et il était arrivé avant eux à Roseneath.

Sir Georges fit sur-le-champ une réponse, en chargea l'exprès, le récompensa libéralement, et lui dit de ne pas perdre un instant pour la remettre à son agent.

Sir Georges et Butler s'embarquèrent enfin dans la chaloupe qui les attendait depuis quelque temps. Pendant toute la traversée, qui fut fort longue parce qu'on avait la marée contraire et qu'il fallait toujours ramer, sir Georges Staunton ne cessa de faire à Butler des questions sur les bandits des Highlands, qui avaient infesté le pays depuis l'année 1745. Butler l'informa que la plupart d'entre eux n'étaient pas des Highlanders, mais des Égyptiens et d'autres misérables qui avaient profité du désordre et de l'anarchie, suite ordinaire des guerres civiles, pour se livrer au vol et au pillage avec impunité.

Sir Georges lui demanda ensuite quelles étaient leurs

habitudes et leur manière de vivre; si leurs actes de violence n'étaient pas quelquefois rachetés par des traits de générosité; enfin s'ils ne possédaient pas les bonnes comme les mauvaises qualités qui sont l'attribut des peuplades sauvages.

Butler répondit que sans doute ils laissaient apercevoir de temps en temps quelque lueur de sentimens louables dont il est rare que les plus grands criminels soient entièrement dépourvus, mais que leurs penchans vicieux étaient les principes constans et certains de toutes leurs actions, tandis qu'un trait de vertu n'était chez eux que l'impulsion du moment causée par un concours de circonstances fortuit et singulier.

En répondant aux questions que sir Georges continuait à lui faire à ce sujet avec un intérêt qui causait quelque surprise à Butler, celui-ci prononça par hasard le nom de Donacha-Dhu-Na-Dunaigh, avec qui le lecteur a déjà fait connaissance. La curiosité de sir Georges parut alors redoubler; il demanda les détails les plus minutieux sur cet individu, son âge, sa figure, les hommes qui composaient sa troupe, et Butler ne put lui donner que peu de renseignemens à cet égard. Donacha était véritablement la terreur des campagnes, et cependant il n'était pas aussi redoutable qu'on se le figurait : jamais il n'avait eu plus de quatre hommes sous ses ordres; et dans la plupart de ses déprédations, il n'était accompagné que de deux ou trois brigands déterminés comme lui. En un mot, M. Butler le connaissait peu, et ce peu suffisait pour qu'il ne désirât pas le connaître davantage.

— Malgré cela, M. Butler, je ne serais pas fâché de le voir un de ces jours.

— Vous n'y réussiriez pas sans danger, sir Georges, à moins que vous ne le vissiez traiter au nom de la loi comme il mérite de l'être, et un tel spectacle n'aurait nul attrait pour vous.

— Et si chacun était traité comme il le mérite, M. Butler, qui pourrait se flatter d'échapper au châtiment?... Mais je vous parle en énigmes; je vous les expliquerai quand j'aurai causé à ce sujet avec lady Staunton..... Allons, mes amis, courage, dit-il aux rameurs, nous sommes menacés d'un orage.

En effet, une atmosphère lourde et pesante, des nuages qui s'amoncelaient à l'occident, et qui, frappés par les rayons du soleil à son déclin, semblaient une fournaise ardente; ce silence dans lequel la nature semble attendre l'éclat de la foudre, comme le soldat condamné, les yeux couverts du bandeau fatal, attend le feu du peloton chargé de terminer son existence; tout semblait présager une tempête. De larges gouttes d'eau tombaient de temps en temps, et obligèrent nos voyageurs à mettre leurs redingotes. La pluie cessa, et une chaleur étouffante, peu ordinaire en Écosse à la fin de mai, les obligea à s'en débarrasser.

— Il y a quelque chose de solennel dans le délai qu'éprouve cet orage, dit sir Georges; on dirait qu'il attend, pour éclater, quelque événement important qui doit se passer dans le monde.

— Hélas! répondit Butler, que sommes-nous, pour que les lois de la nature soient subordonnées à nos actions et à nos souffrances? La foudre s'élancera du sein des nuages, quand ils seront surchargés de fluide électrique, soit qu'une chèvre tombe en ce moment du sommet du mont Arran, soit qu'un héros expire sur le le champ de bataille après avoir remporté la victoire.

— L'esprit se plaît, dit sir Georges, à regarder le destin de l'humanité comme le premier ressort qui fait mouvoir tout l'univers. Nous n'aimons pas à penser que nous nous confondrons avec les siècles qui nous ont précédés, comme ces gouttes d'eau se mêlent dans le vaste Océan, y formant un cercle à peine visible à l'instant où elles y tombent, et disparaissent alors pour toujours.

— *Pour toujours!* s'écria Butler en levant les yeux au ciel; nous ne disparaissons pas pour toujours. La mort n'est pas une fin pour nous, c'est un changement, c'est le commencement d'une nouvelle existence, dont le sort dépend de ce que nous aurons fait pendant la première.

Tandis qu'ils discutaient ces graves sujets auxquels les avait assez naturellement conduits l'approche d'une tempête qui menaçait d'être violente, des tourbillons de vent impétueux les empêchaient d'avancer dans le bras de mer qui sépare l'île de Roseneath du comté de Dumbarton. Ils n'avaient plus qu'à doubler un petit promontoire pour arriver au lieu ordinaire de débarquement; mais tous les efforts des rameurs n'en pouvaient venir à bout, et quelques éclairs annonçaient le commencement de l'orage.

— Ne pourrions-nous débarquer de ce côté du promontoire? demanda sir Georges.

— Je ne connais entre ces rochers, dit Butler, aucun endroit où le débarquement soit possible.

— Réfléchissez-y encore, reprit sir Georges; nous allons avoir une tempête terrible.

— Il y a bien l'endroit que nous appelons Hord's-

Cove (1), dit un des mariniers; mais il y a tant d'écueils aux environs, que je ne sais si je pourrais diriger la chaloupe de manière à les éviter.

— Essayez, dit sir Georges; il y aura une demi-guinée pour vous.

Le vieux marin s'assit au gouvernail, et leur dit que, s'ils pouvaient débarquer dans la petite baie, ils trouveraient un sentier qui les conduirait à la manse en une demi-heure.

— Mais êtes-vous bien sûr de ne pas échouer? lui demanda Butler.

— Je l'espère, répondit-il; mais j'en aurais été bien plus sûr il y a quinze ans, quand Dandie Wilson venait si souvent ici avec son lougre de contrebande. Dandie avait alors avec lui un jeune diable d'Anglais, nommé...

— Songez à ce que vous faites, s'écria sir Georges; si vous bavardez ainsi, vous nous ferez toucher sur l'écueil de Grindstone..... Tenez la chaloupe en ligne droite avec ce roc blanc et le clocher de Knocktarlity.

— Par mon Dieu! s'écria le vieux marinier en regardant sir Georges d'un air d'étonnement, Votre Honneur connait la baie aussi bien que moi. Ah! ce n'est pas la première fois que vous passez près du Grindstone!

En parlant ainsi ils approchaient de la petite baie, qui, entourée de rochers, et protégée par une foule d'écueils, les uns à fleur d'eau, les autres cachés sous les ondes, ne pouvait être aperçue et fréquentée que par ceux qui la connaissaient. En y entrant ils virent une petite barque qui y était déjà amarrée, près du rivage, sous de grands arbres où elle semblait avoir été placée pour être mieux cachée.

(1) La hue du bandit. — Éd.

Butler dit à sir Georges, en apercevant ce bâtiment :
— Vous ne sauriez croire combien j'ai de peine à persuader à mes pauvres paroissiens que la contrebande est un trafic criminel. Ils ont pourtant sous les yeux tous les jours ses funestes conséquences. Je ne connais rien qui produise de plus pernicieux effets sur leurs principes de morale et de religion.

Sir Georges s'efforça de dire quelques mots à voix basse sur l'esprit d'entreprise naturel aux jeunes gens, qu'on doit s'attendre à voir avec le temps plus prudens et plus sages.

— C'est ce qu'on voit rarement, monsieur, répliqua Butler. Ceux qui consacrent leur jeunesse à ce fatal commerce, surtout quand ils ont pris part aux scènes de violence et de sang qui n'en sont que trop fréquemment la suite, périssent tôt ou tard misérablement. J'ai eu plus d'une occasion de m'en convaincre. L'expérience et l'écriture nous apprennent, sir Georges, que l'homme qui a répandu le sang ne vivra pas la moitié de ses jours. Prenez mon bras pour vous aider à descendre à terre.

Sir Georges l'accepta, et il en avait besoin, car son corps se ressentait de l'agitation qu'éprouvait son esprit en se rappelant combien de fois il était descendu en cet endroit avec des sentimens bien différens de ceux qui l'animaient en ce moment.

A peine étaient-ils à terre qu'un grand coup de tonnerre se fit entendre à quelque distance.

— Est-ce quelque présage, M. Butler ? dit sir Georges.

— Un présage favorable, sir Georges, répondit Butler en souriant : *intonuit lævum* (1).

(1) Il a tonné à gauche — É,D.

Ils prirent alors un sentier qui traversait un petit bois situé au pied d'une montagne, et qui devait les conduire à la manse de Knocktarlity, où ils étaient attendus avec impatience.

D'après la lettre de sir Georges, les deux sœurs avaient cru que leurs maris arriveraient la veille. Le séjour des voyageurs à Calder avait occasioné leur retard, et les habitans de la manse commençaient même à douter qu'ils arrivassent ce même jour. Lady Staunton ne savait trop si elle devait s'affliger de ce délai, car elle craignait pour son époux l'impression pénible que son orgueil souffrirait en revoyant une belle-sœur qui connaissait toute l'histoire des égaremens dans lesquels une jeunesse fougueuse l'avait plongé, et dont il rougissait alors; et elle n'ignorait pas que, quelque empire qu'il pût avoir en public sur ses passions, elle était destinée à le voir s'y abandonner en secret devant elle avec une violence qui lui inspirait en même temps la terreur et la compassion. Elle recommanda cent fois à sa sœur de ne laisser paraître aucune marque d'émotion quand il arriverait, et de l'accueillir comme un homme qu'elle n'aurait jamais vu ; elle reçut sa promesse qu'elle se conformerait à ses désirs.

Jeanie elle-même ne voyait pas approcher sans une espèce d'inquiétude le moment de cette entrevue : mais sa conscience ne lui reprochait rien, et l'impatience où elle était de revoir Butler après une si longue absence lui faisait désirer que les voyageurs arrivassent le plus promptement possible. Et pourquoi dissimulerais-je la vérité? Elle avait fait des préparatifs extraordinaires pour recevoir sir Georges Staunton, et elle pensait quelquefois, avec une sorte de regret, que si deux ou trois plats, qui avaient été préparés pour la veille, ne servaient pas le second jour, il ne serait guère possible de les faire paraitre le troisième; et alors qu'en pourrait-elle faire? Elle fut tirée de tout embarras à ce sujet par l'apparition subite du capitaine à la tête d'une demi-douzaine de vigoureux montagnards, armés comme lui de pied en cap.

— J'ai l'honneur de vous saluer, lady Staunton : j'espère que j'ai le plaisir de vous trouver en bonne santé. Bonjour, ma bonne mistress Butler; voulez-vous bien faire donner à ma troupe quelque chose à manger, quelques pots d'ale, quelques verres d'eau-de-vie? Dieu me damne! depuis la pointe du jour nous courons les bois et les montagnes, et sans résultat.

En parlant ainsi, il s'assit, ôta sa toque, et, repoussant sa perruque en arrière, s'essuya la tête d'un air d'aisance et d'importance, sans faire attention à l'air de surprise par lequel lady Staunton tâchait de lui faire comprendre qu'il prenait un peu trop de liberté.

— Quand on a une mauvaise commission à exécuter, dit Knockdunder d'un ton de galanterie, en regardant lady Staunton, c'est du moins une consolation de savoir qu'on agit pour une belle dame; car qui sert le mari sert la femme, comme mistress Butler le sait fort bien.

— En vérité, monsieur, dit lady Staunton, comme vous paraissez m'adresser ce compliment, je dois vous dire que je ne comprends pas en quoi votre excursion de ce matin peut concerner sir Georges.

— De par tous les diables! cela est trop cruel, milady! comme si ce n'était pas en vertu d'un mandat qui m'a été remis hier par un exprès dépêché par l'agent de sir Georges à Édimbourg, que j'ai été chargé de rechercher et d'appréhender Donacha Dhu-Na-Dunaigh, et de le faire comparaître devant Son Honneur, sans doute pour le faire pendre, comme il l'a bien mérité pour vous avoir effrayée, milady, sans compter quelques autres peccadilles moins importantes.

— M'avoir effrayée! jamais je n'ai parlé à sir Georges de mon aventure près de la cataracte.

— Il faut donc qu'il l'ait apprise de quelque autre manière; sans cela, pourquoi me ferait-il courir les champs, battre les bois, gravir les montagnes, pour arrêter ce bandit, comme si je devais y gagner quelque chose, quand il ne peut m'en revenir qu'une balle à travers la tête.

— Est-il vraiment bien possible que ce soit par ordre de sir Georges que vous cherchiez à l'arrêter?

— Par Dieu! milady, si ce n'eût été le bon plaisir de Son Honneur, j'aurais laissé Donacha bien tranquille tant qu'il aurait respecté les propriétés du duc; mais il sera pris, il sera pendu, si cela peut faire plaisir à quelque gentilhomme, à quelque ami de Sa Grace. Dès que j'ai reçu l'ordre, j'ai prévenu une demi-douzaine de gaillards de bon aloi d'être prêts à me suivre ce matin au lever du soleil, en costume montagnard, et...

— Je suis surprise que vous leur ayez donné cet ordre, capitaine, dit mistress Butler : vous devez connaître l'acte du parlement qui défend de porter ce costume.

— Ta, ta, ta, mistress Butler, cet acte a les jambes trop courtes pour arriver jusqu'ici, c'est un enfant de deux ou trois ans; et d'ailleurs, de par tous les diables! comment voulez-vous qu'on puisse gravir les montagnes quand on est emprisonné dans ces maudites culottes? la vue seule m'en donne de l'humeur. Quoi qu'il en soit, je crois que je connais assez bien les endroits hantés par Donacha, car j'ai conduit ma troupe sur-le-champ au lieu où il avait couché, et les cendres du feu qu'il avait allumé étaient encore chaudes; j'ai battu ensuite tous les bois, tous les buissons, mais je n'ai pas seulement aperçu le pan de son habit : il faut qu'il ait reçu du dehors quelque avis qui l'ait mis sur ses gardes.

— Cela se pourrait bien, dit David, car j'ai vu ce matin une barque dans la *Baie du bandit*.

Les deux jeunes gens, habitués à gravir toutes les montagnes des environs, connaissaient cet endroit, dont leur père ne soupçonnait pas même l'existence.

— Et moi, dit Reuben, je l'ai vu de loin ce matin, entrant dans le petit bois qui couvre le promontoire.

— Par Dieu! s'écria le capitaine, je ne resterai donc pas ici plus de temps qu'il m'en faut pour boire ce verre d'eau-de-vie. Il est très-possible qu'il soit dans ce bois, et il peut trouver à propos de rester près de la cheminée quand elle fume, pensant peut-être qu'on ne s'avisera pas de le chercher si près. J'espère que milady voudra bien excuser mon départ; je ne tarderai pas à revenir, et je lui ramènerai Donacha mort ou vif, ce qui doit lui être assez indifférent. J'espère passer une soirée agréable avec milady, et prendre ma revanche au trictrac avec M. Butler; car j'ai toujours sur le cœur les quatre sous qu'il m'a gagnés. Diable! je voudrais qu'il fût déjà ici, car le temps commence furieusement à menacer d'être humide.

En disant ces mots, et après avoir fait mille saluts et mille excuses de quitter milady, qui les agréa très-volontiers, et autant de promesses de revenir bientôt, promesses que mistress Butler ne craignait aucunement qu'il oubliât, tant qu'elle aurait de l'eau-de-vie à lui offrir, Duncan quitta la manse, rassembla ses compagnons, et se mit à battre le bois qui était entre le vallon de Knocktarlity et la *Baie du bandit.* David, qui était le favori du capitaine à cause de sa vivacité et de son courage, saisit cette occasion pour s'échapper, et pour aider ce grand homme dans ses recherches.

CHAPITRE LII.

> «   Je t envoyais chercher
> »   .   .   .   .   .   .
> »   .   .
> » Je voulais que plus tard, lorsque le temps jaloux
> » Sous le poids de mon corps eût ployé mes genoux,
> » Ta main guidât les pas de ton malheureux père,
> » Mais mon etoile, hélas! n'a point été prospere »
>
> Shakspeare. *Henry VI*, part 1

Duncan et sa petite troupe n'avaient pas encore été fort loin en se dirigeant du côté de la *Baie du bandit*, lorsqu'ils entendirent un coup de feu, qui fut aussitôt suivi d'un ou deux autres.

— Il y a là quelques maudits braconniers, dit Duncan; attention, camarades!

L'instant d'après ils entendirent le cliquetis des sabres, et Duncan, suivi de sa troupe, courut vers l'en-

LA PRISON D'ÉDIMBOURG.

droit d'où le bruit partait. Ils virent Butler et les domestiques de sir Georges Staunton au milieu de quatre scélérats qui voulaient les entraîner, tandis que sir Georges était étendu sans connaissance à leurs pieds, avec son épée à la main. Duncan, qui était brave comme un lion, prit aussitôt un pistolet, fit feu sur le chef de la bande, et cria à ses gens : — En avant ! Il tira son épée, et la passa au travers du corps du bandit qu'il venait de blesser, et qui n'était autre que Donacha-Dhu-na-Dunaigh. Les autres scélérats furent bientôt désarmés, à l'exception d'un jeune drôle qui fit une résistance incroyable pour son âge, et dont on eut toutes les peines du monde à s'assurer.

Dès que Butler se vit délivré, il courut au secours de sir Georges Staunton ; mais celui-ci avait cessé d'exister.

— Diable ! c'est un grand malheur, s'écria Duncan ; et je crois que je ferais bien d'en aller prévenir sur-le-champ milady. David, mon garçon, tu as senti l'odeur de la poudre pour la première fois aujourd'hui. Tiens, prends mon sabre, et coupe la tête de Donacha-Dhu-na-Dunaigh : ce sera un bon apprentissage pour toi, et tu sauras comment t'y prendre lorsque tu voudras rendre le même service à un vivant. Mais attends : cela paraît déplaire à ton père ; ainsi n'en parlons plus. Aussi-bien, milady aura plus de plaisir à le voir tout entier ; et j'espère qu'elle me fera l'honneur de convenir que je ne suis pas long à venger la mort d'un gentilhomme.

Telles furent les réflexions d'un homme trop accoutumé aux anciennes mœurs des montagnards pour éprouver beaucoup d'émotion en voyant le résultat d'une pareille rencontre

Nous n'essaierons pas de décrire l'effet tout contraire que ce malheur inattendu produisit sur lady Staunton, quand on apporta au presbytère le corps sanglant de son mari, qu'elle espérait à chaque instant revoir bien portant. Tout fut oublié, si ce n'est qu'il avait été l'amant de sa jeunesse, et elle ne songea plus ni aux fautes dont il s'était autrefois rendu coupable, ni à ce qu'elle avait eu à souffrir quelquefois des inégalités d'un caractère aigri par le souvenir de ce qu'il avait toujours à craindre. Elle s'abandonna sans réserve à toute sa douleur : les pleurs, les cris, les évanouissemens se succédèrent sans relâche, et il fallut tout le sang-froid et toute la prudence de sa sœur pour l'empêcher de faire connaître les secrets qu'elle avait un si grand intérêt de cacher.

Enfin le silence de l'épuisement succéda à l'emportement de la douleur, et Jeanie alla trouver son mari pour l'engager à prévenir l'intervention du capitaine, en s'emparant, au nom de lady Staunton, de tous les papiers de son défunt mari. Au grand étonnement de Butler, elle lui apprit que lady Staunton était sa sœur, circonstance qui lui donnait le droit et lui faisait même un devoir d'empêcher qu'un étranger ne prît sans nécessité connaissance de ses affaires de famille.

Un crucifix et un chapelet qu'on trouva sur sir Georges, et un cilice qu'il portait sur sa peau, prouvèrent qu'il professait secrètement la religion catholique, et qu'il cherchait à obtenir par des austérités le pardon des crimes qu'il avait commis.

Pendant que le capitaine était sérieusement occupé à se rafraîchir avec sa troupe, à faire panser un de ses hommes qui avait été blessé, et à faire subir un interrogatoire à ses prisonniers, Butler, autorisé par son alliance avec le défunt à examiner ses papiers, réunit tous ceux qui se trouvaient sur lui et dans son bagage ; et dans le paquet qu'il avait récemment reçu de son agent à Édimbourg, il lut avec la plus grande surprise les détails suivans :

Aiguillonné par l'espoir de la récompense qui lui avait été promise, Ratcliffe, à qui les moyens de parvenir à la découverte des crimes les plus secrets étaient familiers, ne fut pas vingt-quatre heures à se procurer les renseignemens qu'on devait avoir sur l'enfant dont il était question. La femme à qui Meg Murdockson l'avait vendu, l'avait gardé jusqu'à l'âge de sept à huit ans, et mendiait en le traînant avec elle pour émouvoir la compassion de ceux à qui elle s'adressait. A cette époque elle l'avait vendu à son tour à Donacha-Dhu-na-Dunaigh ; cet homme, à qui aucun crime n'était étranger, était l'agent d'un horrible trafic qui avait lieu alors entre l'Écosse et l'Amérique, pour envoyer dans les colonies des enfans des deux sexes volés à leurs parens, et dont à leur arrivée on vendait les services à quelque planteur pour un certain nombre d'années. Ratcliffe n'avait pu découvrir ce que l'enfant était devenu depuis ce temps, mais il savait que Donacha-Dhu-na-Dunaigh était alors dans les montagnes du comté de Dumbarton, et il ne doutait pas qu'en l'interrogeant on ne pût en apprendre davantage.

Muni de ces renseignemens, l'agent de sir Georges avait fait partir sur-le-champ un exprès pour les lui porter, et l'avait chargé en même temps d'un mandat d'arrêt rendu contre Donacha-Dhu-na-Dunaigh, et d'un ordre au capitaine Duncan de Knockdunder de le mettre à exécution.

Ces détails remplirent Butler de sinistres appréhensions. Il alla trouver le capitaine, obtint de lui la communication du procès-verbal de l'interrogatoire qu'il avait fait subir à ses trois prisonniers, et cette pièce, jointe aux aveux que lui fit le plus âgé d'entre eux, qui n'avait pas quitté Donacha depuis plus de dix ans, lui apprit encore les détails suivans:

Donacha Dunaigh avait acheté d'Annaple Baïlzou le malheureux enfant d'Effie, dans l'intention de le vendre à un armateur américain, à qui il fournissait de la chair humaine quand il en trouvait l'occasion. Mais il se passa quelque temps avant que cet armateur parût sur les côtes d'Écosse, et l'enfant, que Donacha avait nommé *le Siffleur*, avait fait quelque impression sur son cœur farouche et sauvage, peut-être parce qu'il reconnaissait en lui les germes d'un caractère aussi indomptable et aussi féroce que le sien. Quand il le menaçait, même quand il le frappait, ce qui n'était pas très-rare, l'enfant ne demandait ni grace, ni pardon, ne versait pas une larme, mais cherchait à se venger, autant que son âge le lui permettait.

Il avait le mérite sauvage qui gagna au page porte-carquois de Woggarwolfe le cœur dur de son maître.

— « Comme un fier lionceau il s'étendait aux pieds du
» brigand, tenait des propos pleins d'une ironie amère,
» chantait des refrains belliqueux, et vidait la coupe
» écumante avec l'air dédaigneux d'un petit homme (1). »

(1) *Ethwald* Dans cette tragédie de miss Joana Baillie, Wogguwolfe est un thane saxon qui vit de déprédations à l'époque de l'heptarchie. — ÉD

En un mot, comme disait Donacha-Dhu, le Siffleur était un véritable fils de Satan, et jamais il ne s'en séparerait. Aussi, dès l'âge de onze ans l'enfant prenait déjà part aux déprédations et aux actes de violence que commettait celui qu'il regardait comme son père. Ce furent les recherches faites par son père réel qui amenèrent le dernier événement de sa vie périlleuse.

Les mesures de rigueur qu'on commençait alors à prendre pour purger le pays des brigands qui l'infestaient, donnaient depuis quelque temps des inquiétudes à Donacha Dunaigh. Il sentait fort bien qu'il n'existait que grace à l'indulgence précaire de Duncan, et il avait grand soin de ne rien faire qui pût l'offenser personnellement. Mais il savait aussi que cette tolérance pouvait cesser d'un instant à l'autre; il avait donc résolu de passer en Amérique, sur le navire de l'armateur avec lequel il avait toujours continué de faire son commerce d'hommes, et qui était sur le point de mettre à la voile. Mais, avant son départ, il avait résolu de frapper un grand coup.

Il n'avait pas oublié ses anciens projets de vengeance contre le ministre; il savait que lady Staunton résidait chez lui, et le Siffleur n'avait pas manqué de lui parler des pièces jaunes qu'il avait vues dans la bourse de cette dame; enfin il était instruit que son mari, seigneur anglais fort riche, y était attendu incessamment avec le ministre, qui, suivant le bruit général, rapportait d'Édimbourg les fonds nécessaires pour le paiement de l'acquisition qu'il avait faite. Tandis qu'il délibérait sur les moyens qu'il emploierait pour satisfaire en même temps sa vengeance et sa cupidité, il apprit par un de ses affidés que le bâtiment sur lequel il comptait s'embarquer allait mettre à la voile de Greenock ; par un autre, que le ministre et le lord anglais arriveraient bien certainement le lendemain soir à la manse ; par un troisième enfin, que le capitaine Duncan avait reçu ordre de le faire arrêter, et qu'il ferait bien de pourvoir à sa sûreté en s'éloignant des lieux où il faisait son séjour habituel, le capitaine devant se mettre à sa poursuite le lendemain à la pointe du jour.

Donacha prit son parti sur-le-champ. Il s'embarqua pendant la nuit avec le Siffleur et quelques-uns de ses affidés, et descendit avant le jour dans la baie du *Bandit*. Son dessein était de rester caché jusqu'à la nuit suivante dans le bois voisin, parce qu'il supposait qu'étant si près du village, Duncan ne s'aviserait pas de l'y chercher ; il pourrait fondre alors sur la paisible habitation du ministre, et y porter le pillage, le fer et le feu. Ce projet accompli, sa barque devait le conduire avec son butin au vaisseau qui l'attendait en rade, comme il en était convenu avec le capitaine.

Il est probable qu'il aurait réussi dans cet abominable dessein, si Butler et sir Georges Staunton n'eussent point passé par le bois où Donacha était caché avec ses complices. Il reconnut le ministre, et voyant deux domestiques portant l'un une cassette, l'autre un portemanteau, il jugea qu'il y trouverait l'argent qui était le principal but de son entreprise. Il donna sans hésiter le signal de l'attaque ; sir Georges succomba après une vigoureuse résistance, et tout porta à croire qu'il était tombé sous les coups de ce fils si long-temps, si inutilement cherché, et retrouvé si malheureusement.

Tandis que Butler était à demi étourdi de toutes ces

nouvelles, la voix rauque du capitaine vint ajouter à sa consternation.

— M. Butler, lui dit-il, je prendrai la liberté d'emprunter les cordes des cloches, car je vais donner ordre qu'on pende ces trois coquins demain matin, pour leur apprendre à agir à l'avenir avec plus de circonspection.

Butler l'engagea à se rappeler qu'un acte du parlement avait aboli les juridictions seigneuriales en Écosse, et lui représenta qu'il devait les envoyer à Glascow ou à Inverrary, pour qu'ils y fussent jugés par les juges du Circuit (1).

— L'acte des juridictions! s'écria-t-il, n'a rien à voir dans le pays du duc d'Argyle, de par tous les diables! je les ferai pendre tous trois en rang d'ognons, demain matin, devant la fenêtre de lady Staunton. Ce sera pour elle une grande consolation de voir en s'éveillant que la mort du brave seigneur, son mari, a été convenablement vengée.

Butler ayant renouvelé ses instances: — Eh bien! dit Duncan, pour vous obliger, j'enverrai à Inverrary les deux vieux coquins; mais quant au petit drôle qu'ils appellent le Siffleur, et que nous avons eu tant de peine à prendre, par Dieu! je verrai demain matin comment il sifflera au bout d'une corde. Il ne sera pas dit qu'un ami du duc aura été tué dans son pays, sans qu'il en ait coûté la vie à deux de ses assassins tout au moins.

— Ne lui refusez pas le temps de faire sa paix avec Dieu, dit Butler; songez à son ame.

— A son ame! dit Knockdunder; il y a long-temps

---

(1) Les assises trimestrielles. — Éd.

qu'elle appartient au diable, et il faut rendre à chacun ce qui lui appartient.

Toutes les prières furent inutiles, et le capitaine donna des ordres pour que l'exécution se fît le lendemain matin. L'enfant du crime et du malheur fut séparé de ses compagnons, et soigneusement garotté dans une chambre dont le capitaine prit la clef.

Mistress Butler avait pourtant résolu de tâcher de sauver son neveu du sort funeste qui lui était destiné, surtout si, en conversant avec lui, elle entrevoyait quelque espoir de le ramener à une conduite régulière. Elle avait un passe-partout qui ouvrait toutes les serrures de sa maison, et à minuit, tandis que tout dormait autour d'elle, elle parut devant les yeux étonnés du jeune sauvage, qui, pieds et poings liés, était étendu sur un tas de chanvre dans un coin de l'appartement. Elle chercha en vain dans ses traits brûlés par le soleil, couverts de boue, et cachés en partie par de longs cheveux noirs en désordre, quelque ressemblance avec ses parens, et cependant elle ne put refuser sa compassion à un être si jeune et déjà si coupable ; — plus coupable qu'il ne pouvait le croire lui-même, puisque le meurtre qu'il avait probablement commis de sa propre main, mais auquel il avait au moins participé, n'était rien moins qu'un parricide. Elle plaça de la nourriture sur une table près de lui, et relâcha les cordes qui lui serraient les mains, de manière à ce qu'il pût s'en servir pour manger. Il étendit ses mains encore teintes de sang, peut-être du sang de son père, et dévora en silence ce qu'elle lui avait apporté.

— Comment vous nommez-vous ? lui demanda-t-elle pour entrer en conversation

— Le Siffleur.

— Mais quel est votre nom de baptême?

— De baptême! Qu'est-ce que le baptême? Je n'ai pas d'autre nom que le Siffleur.

— Pauvre infortuné jeune homme! s'écria Jeanie. Et que feriez-vous si vous pouviez vous échapper d'ici, et eviter la mort qui vous attend demain matin?

— J'irais joindre Rob-Roy, ou le sergent More Cameron (deux déprédateurs fameux à cette époque), et je tâcherais de venger la mort de Donacha.

— Malheureux enfant! savez-vous ce que vous deviendrez quand vous serez mort?

— Je n'aurai plus ni froid ni faim.

— Je n'ose le délivrer, pensa Jeanie, et cependant le laisser mourir dans de tels sentimens, c'est tuer son ame avec son corps. C'est le fils de ma sœur, mon neveu, notre chair et notre sang. Elle remarqua en ce moment que les cordes qui l'attachaient étaient tellement serrées, que ses pieds et ses mains étaient enflés. Ces cordes vous font-elles mal?

— Beaucoup.

— Et si je les détachais, ne me feriez-vous pas de mal?

— Non, vous ne m'en avez jamais fait, ni à moi ni aux miens.

— Il peut encore y avoir en lui quelque chose de bon, pensa Jeanie, et en même temps elle détacha ses liens.

Le jeune sauvage se leva avec transport, regarda autour de lui d'un air de joie, battit des mains, sauta en l'air, et effraya Jeanie par les demonstrations du plaisir qu'il éprouvait.

— Laissez-moi sortir! lui dit-il.

— Je n'en ferai rien, à moins que vous ne me promettiez...

— Attendez, vous serez aussi charmée que moi de sortir d'ici.

Il saisit la chandelle que Jeanie avait placée sur la table, et mit le feu au chanvre, qui s'enflamma au même instant.

Mistress Butler s'enfuit en poussant de grands cris. Le prisonnier la suivit, ouvrit la première fenêtre qu'il trouva, s'élança dans le jardin, sauta par-dessus la haie, et gagna le bois avec la vitesse d'un cerf.

Toute la maison fut en alarmes, on éteignit le feu, mais on chercha inutilement le prisonnier. Jeanie garda son secret, et l'on ignora la part qu'elle avait eue à sa fuite. On ne sut que quelque temps après ce qu'il était devenu.

A force de recherches, Butler parvint à apprendre qu'il s'était rendu à bord du bâtiment sur lequel Donacha comptait s'embarquer. Le capitaine du navire l'avait bien reçu, mais se voyant privé de la part que Donacha lui avait promise dans le riche butin sur lequel il comptait, il s'en dédommagea, à son arrivée en Amérique, en vendant le jeune homme pour vingt ans à un planteur de Virginie, qui demeurait bien avant dans le continent. Dès que Butler connut cette nouvelle, il fit passer en Amérique la somme nécessaire pour le rachat de son neveu, avec des instructions afin qu'on prît ensuite les mesures nécessaires pour le corriger de ses penchans vicieux, et développer les bonnes dispositions qu'on pourrait trouver en lui. Mais ce projet bienfaisant ne put se réaliser. Le Siffleur s'était mis à la tête d'une conspiration d'esclaves qui avaient assassiné leur maître, et s'était réfugié chez les sauvages. Depuis ce temps on n'en entendit plus parler, et il est à présumer qu'il vécut et qu'il mourut parmi cette peuplade, aux habitudes de laquelle sa première éducation l'avait parfaitement préparé.

Toute espérance de la réformation de ce jeune homme étant perdue, M. Butler et sa femme ne jugèrent pas à propos de faire connaître à lady Staunton une histoire si pleine d'horreurs, et jamais elle ne sut rien de tout ce qu'on vient de lire relativement à son fils. Elle resta à la manse plus d'un an. Sa douleur fut d'abord excessive, elle fit place à une affliction plus calme, et à une mélancolie que la vie paisible qu'elle menait chez sa sœur n'était pas faite pour dissiper. Un bonheur tranquille n'avait jamais eu d'attraits pour Effie, même dans sa plus tendre jeunesse. Bien différente de Jeanie, elle éprouvait le besoin de la dissipation. Elle quitta donc la solitude de Knocktarlity en versant des larmes qui prenaient leur source dans une affection sincère, après avoir comblé ses hôtes de tous les présens qu'elle pouvait croire utiles et agréables pour eux.

La famille de Knocktarlity apprit dans sa retraite paisible que la belle et riche veuve lady Staunton avait repris sa place dans le grand monde. On ne tarda même pas à recevoir des preuves de son souvenir. Elle envoya à son neveu David Butler une commission pour l'armée, et comme l'esprit militaire de son bisaïeul Bible-Butler semblait revivre en lui, sa bonne conduite fit taire la jalousie de cinq cents cadets montagnards de bonne famille, qui ne pouvaient concevoir la rapidité de son avancement. Reuben suivit la carrière du barreau, et s'y distingua aussi, quoique plus lentement. Les charmes et les bonnes qualités d'Euphémie Butler firent la conquête d'un laird montagnard qui ne s'informa jamais quels étaient ses aïeux : la genérosité de sa tante en cette occasion ajouta beaucoup à sa fortune; elle la combla de présens qui rendirent la jeune mariée l'objet de l'envie de toutes les belles des comtés de Dumbarton et d'Argyle.

Après avoir brillé encore dix ans dans le grand monde; après avoir, comme tant d'autres, caché les chagrins de son cœur sous le masque de la dissipation et de la félicité; après avoir refusé plusieurs offres avantageuses qui lui furent faites pour rentrer sous le joug de l'hymen, lady Staunton partagea entre la famille de sa sœur la plus grande partie de ses biens, passa en France, et se retira dans le couvent où elle avait reçu son éducation après son mariage. Elle ne prit jamais le voile, mais elle embrassa la religion catholique, vécut et mourut dans la retraite et dans la pratique des vertus et des bonnes œuvres.

Jeanie avait trop de l'esprit de son père pour ne pas regretter amèrement l'apostasie de sa sœur. Butler la consola en lui remontrant que toutes les religions étaient préférables au froid scepticisme, et au tourbillon d'une dissipation frivole qui conduit à l'oubli de tous les devoirs.

Enfin, ces époux estimables, heureux l'un par l'autre, heureux du bonheur de leur famille, vécurent aimés et respectés, et moururent regrettés par tous ceux qui les avaient connus.

Lecteur,

Je ne vous aurai pas fait lire inutilement cette histoire, si elle sert de preuve à cette grande vérité, que le crime, quoiqu'il puisse atteindre une splendeur temporelle, ne conduit jamais au véritable bonheur; que les fâcheuses conséquences de nos fautes subsistent long-temps encore après qu'elles ont été commises, et, comme les fantômes des victimes, poursuivent sans cesse le malfaiteur; — enfin que le sentier de la vertu, s'il ne mène pas aux grandeurs du monde, mène toujours à la douce paix du cœur.

Jedediah Cleishbotham.

L'envoi par Jedediah Cleishbotham.

Ainsi finit le conte du Cœur de Midlothian, qui a rempli plus de pages que je ne pensais. Le Cœur de Midlothian (1) n'existe plus, ou plutôt il est transporté à l'extrémité de la ville, ce qui me rappelle la phrase du sieur Jean-Baptiste Poquelin, dans son amusante comédie intitulée le *Médecin malgré lui*, où le Docteur prétendu, accusé d'avoir placé le cœur à droite et non à gauche, répond :

« *Cela était autrefois ainsi, mais nous avons changé tout cela.* »

Si quelque lecteur demande la traduction de cette ingénieuse réplique; tout ce que je puis répondre, c'est que j'enseigne le français aussi bien que les langues classiques, au prix modéré de cinq shillings par trimestre, comme mes prospectus périodiques le font connaître au public.

(1) *The heart of Midlothian*, le cœur de Midlothian, nom de l'ancienne prison. — Ed.

FIN DU TOME TROISIÈME,
ET DE LA SECONDE SÉRIE DES CONTES DE MON HOTE.

OEUVRES COMPLÈTES
DE
SIR WALTER SCOTT.

Cette édition sera précédée d'une notice historique et littéraire sur l'auteur et ses écrits. Elle formera soixante-douze volumes in-dix-huit, imprimés en caractères neufs de la fonderie de Firmin Didot, sur papier jésus vélin superfin satiné, ornés de 72 *gravures en taille-douce* d'après les dessins d'Alex Desenne; de 72 *vues* ou *vignettes* d'après les dessins de Finden, Heath, Westall, Alfred et Tony Johannot, etc., exécutées par les meilleurs artistes français et anglais; de 30 *cartes géographiques* destinées spécialement à chaque ouvrage, d'une *carte générale de l'Écosse*, et d'un *fac-simile* d'une lettre de Sir Walter Scott, adressée à M. Defauconpret, traducteur de ses œuvres.

CONDITIONS DE LA SOUSCRIPTION

Les 72 volumes in-18 paraîtront par livraisons de 3 volumes de mois en mois; chaque volume sera orné d'une *gravure en taille-douce* et d'un titre gravé, avec une *vue* ou *vignette*, et chaque livraison sera accompagnée d'une ou deux *cartes géographiques*.

Les *planches* seront réunies en un cahier séparé formant *atlas*.

Le prix de la livraison, pour les souscripteurs, est de 12 fr. et de 25 fr. avec les gravures avant la lettre.

Depuis la publication de la 3e livraison, les prix sont portés à 15 fr. et à 30 fr.

ON NE PAIE RIEN D'AVANCE.

Pour être souscripteur il suffit de se faire inscrire à Paris

Chez les Éditeurs:

A SAUTELET ET Cᵒ,	CHARLES GOSSELIN, LIBRAIRE
LIBRAIRES,	DE S. A. R. M. LE DUC DE BORDEAUX,
Place de la Bourse.	Rue St.-Germain-des-Prés, n 9.

www.ingramcontent.com/pod-product-compliance
Lightning Source LLC
Chambersburg PA
CBHW050649170426
43200CB00008B/1212